Das Berliner Zimmer

Jan Herres

Das Berliner Zimmer

Geschichte, Typologie,
Nutzungsaneignung

Inhalt

Vorwort

„Bauen tun sie moderne Häuser, aber selbst wohnen sie am liebsten im Altbau!" Wer hat das nicht schon mal in Berlin über Architekten gehört? Dabei ist der rationale Grundriss eines Neubaus doch viel effizienter als der verwinkelte, dunkle Altbau. Hier kommt, das hat der Berliner Architekt Jan Herres genau erkannt, das Berliner Zimmer ins Spiel. Für Bewohner einer Altbauwohnung im Vorderhaus, denn hier findet man dieses bautypologische Phänomen, als Übergang in den Seitenflügel, liegt der Charme in seiner ungewöhnlichen Form: Meist handelt es sich um ein großes Durchgangszimmer mit einem Fenster zum Hof. Seine Nutzung ist nicht genau vorgezeichnet, die Form nicht abschließend definiert und genau diese Offenheit fordert die Kreativität seiner Bewohner heraus. Mit den Zeiten wandeln sich die Bedürfnisse der Nutzer und so findet das Berliner Zimmer immer neue Inhalte, ermöglicht neue Wohnvarianten und Formen und lässt Erfindungen seiner Bewohner zu.

Mit seiner hervorragenden bauhistorischen Herleitung führt uns Jan Herres vor Augen, wie das Berliner Zimmer entstanden ist. Der eigentliche Verdienst des Buches liegt aber in seinem Bezug zur Gegenwart. Mit seiner phänomenologischen Annäherung und der Bestandsaufnahme der unterschiedlichen Nutzungsaneignungen nimmt uns Jan Herres mit auf einen Rundgang durch die Altbauwohnungen Berlins.

Auf diesen Streifzügen werfen wir neugierige Blicke in die verschiedensten Wohnkonstellationen. In seinen Fotografien werden diese zu wahren Bühnenbildern des Wohnens und zeigen das Grundbedürfnis des Menschen nicht nur nach Raum, sondern vor allem nach Freiraum des Selbstgestaltens.

Durch die Konsequenz und Tiefe der Erfassung von Grundriss, Größe, Nutzungsarten, kulturellen Praktiken des Wohnens und die künstlerische Qualität seiner Fotografien entsteht eine einmalige zeitgeschichtliche Anthologie des Berliner Zimmers.

Berlin, April 2021
Stefanie Bürkle

Einleitung und Entstehungsprozess

Einleitung

Wohl kein anderer Wohnraum erweist sich als derart beharrlich wie das Berliner Zimmer. Als Rudiment einer vergangenen Wohnkultur konfrontiert es die heutigen Bewohner des Berliner Altbaus mit seinen ungewohnten Raumeigenschaften. An der Ecke zwischen Vorderhaus und Seitenflügel gelegen, ist es mit seinem einzigen Fenster zum Hof zumeist spärlich beleuchtet, während seine Wände von in drei Richtungen weisenden Türöffnungen perforiert sind. Sagen einem die übrigen Räume der Wohnung: „Ich bin das Schlafzimmer", „Ich bin das Wohnzimmer" oder „Ich bin das Arbeitszimmer", so hüllt sich das Berliner Zimmer schlechterdings in Schweigen und Unbestimmtheit. Auch die meisten historischen Grundrisse helfen diesbezüglich nicht weiter. Dort werden die Räumlichkeiten gemäß dem gesellschaftlichen Kanon der gehobenen Wohnkultur in geschwungener Tintenfüllerschrift als Salon, Speisezimmer, Herrenzimmer, Wohnzimmer und Schlafzimmer deklariert; an der Stelle des Eckzimmers findet sich lediglich die Bezeichnung Berliner Zimmer. Und gelingt die Einrichtung der anderen Räume noch leichthändig, stellt das Berliner Zimmer gewissermaßen die Meisterprüfung dar. Manche Bewohner geben sich nach Jahren geschlagen, andere ziehen in einen baulichen Kampf.

Längst vergessen ist das große Konfliktpotenzial, das dem Berliner Zimmer im 19. Jahrhundert innewohnte, bildete es durch seine Funktion als Raumgelenk doch auch die Schnittmenge zweier Lebenskreise: jenes der Herrschaften und jenes der Dienerschaft.[1] Da es den Dienstboten aus dem Wirtschaftsflügel der Etagenwohnung nicht zustand, die herrschaftlichen Räumlichkeiten des Vorderhauses zu durchschreiten, wurde einiges an architektonischer Anstrengung aufgebracht, um das Dienstpersonal um das Berliner Zimmer herumzuführen. Dies waren freilich Problemstellungen einer bürgerlich festgelegten Wohnkultur im sogenannten Mietspalast.[2] Doch auch die Mietskaserne[3], mit Vorder-, Seiten- und Querhaus, konnte sich des Berliner Zimmers nicht erwehren, wenngleich es hier in der Regel eine abgeschlossene Wohneinheit oder den Ort der Küche für die Flurgemeinschaft bildete und nicht als reines Durchgangszimmer fungierte. So kam es gewissermaßen zur Nidation des Berliner Zimmers in nahezu sämtlichen Berliner Altbauten des Vorderhaus-Seitenflügel-Typus und damit zu einem Entwicklungsprozess, der mannigfaltige Raumtypen hervorbrachte, die jedoch alle das gleiche Ziel verfolgten. Es ist unerheblich, ob im proletarisch geprägten Osten oder im eher bürgerlichen Westen der Stadt, überall trifft man es an. Einzig das Volumen des Raumes changiert – mit einem Gefälle von West nach Ost.

Doch spielt es keine Rolle, ob groß oder klein: Geschimpft wird seit jeher über das dunkle Berliner Zimmer, sowohl in bürgerlichen wie auch in proletarischen Kreisen. Selten findet man Schriften über das Berliner Mietshaus, in denen nicht über Verbesserungen oder gar die Vermeidung dieses Eckzimmers nachgedacht wird. Es hatte von Anbeginn an ein Imageproblem. Die meisten anderen Großstädte Europas waren hingegen mit eigenwilligen Lösungen imstande, diesen „Eckkonflikt" in der Vorderhaus-Seitenflügel-Typologie zu umgehen. Ab dem Jahre 1925 wurde dem Berliner Zimmer dann, durch die novellierte Bauverordnung, weitestgehend der Garaus gemacht. Bewohnte Seitenflügel und Hinterhäuser waren fortan verboten, womit sich das Berliner Zimmer seiner Daseinsberechtigung entledigt sah.

Seitdem war es erst mal ruhig geworden um diesen Raumtypus. Doch ein neuer Pfad machte sich auf, als das Berliner Zimmer auf der Internationalen Bauausstellung 1987 (IBA 87) unter der Prämisse der „kritischen Rekonstruktion" und der „behutsamen Stadterneuerung" plötzlich erneut auftauchte. Nach den Zeiten der „Kahlschlagsanierung"[4] kam es zu einer Rückbesinnung auf das Berliner Blocksystem mit seinen Seiten- und Hinterhäusern. Zudem war man auf der Suche nach familiengerechten Grundrissen und stieß dabei auf das Berliner Zimmer als polyvalentes[5] Zentrum des Familienlebens. Seitdem hat es sich mancherorts wieder Eingang verschafft, an seinem altangestammten Eckplatz im Mietshaus.

Gegenwärtig fühlt sich das Berliner Zimmer insbesondere im hochpreisigen Segment des Eigentumswohnungsbaus wohl. Denn je mehr der Eigentumswohnungsmarkt an verfügbaren Altbau-Etagenwohnungen mit angeschlossenem Seitenflügel abnimmt, desto öfter werden gründerzeitliche Grundrisse neu in Beton gegossen. So kann das Phänomen der Rekonstruktion nicht nur am Berliner Stadtschloss oder der Frankfurter Altstadt verfolgt werden, sondern auch im Wohnungsbau.

Möchten Architekten oder die Bewohner einer Berliner Altbauwohnung mehr über diesen Raum erfahren, ergeben sich Grenzen: Nach über 200 Jahren seiner Existenz führt das Berliner Zimmer in der Baugeschichte noch immer ein Schattendasein. Gleichwohl ist es zumeist die aneignungsoffene Struktur dieses Raumes, die bei Altbaumodernisierungen die größten baulichen Eingriffe erfährt, birgt das Berliner Zimmer doch beachtenswerte Potenziale für den gesamten Wohnungsumbau. Die Indeterminiertheit des Berliner Zimmers erweist sich der individuellen Raumaneignung als äußerst zuträglich. Und in Bezug auf verschiedene Lebensmodelle und -phasen zeigt sich das Berliner Zimmer ausgesprochen variabel.

Es ist aber auch politische Metapher, hat Eingang in die Kunst und Literatur gefunden, war ritueller Ort des marxistisch-revolutionären Diskurses in den Wohngemeinschaften der 1960er-Jahre und stellt sich heute als Luxusgut im Raumgefüge des hochpreisigen Wohnungsneubaus dar. Als Plattform des literarischen Austauschs hat es sogar Einzug in das Internet gefunden.[6] Es gibt also eine Geschichte zu erzählen: über das Berliner Zimmer und seine Szenografie[7] als „frame and generic space"[8], das sich aufgrund seiner aneignungsoffenen Struktur in einer immerwährenden Metamorphose befindet.[9]

1   Es ist vor allem der Architekt, Baubeamte und Mit-begründer des Deutschen Werkbundes Hermann Muthesius (1861–1927), der diesbezüglich keine guten Worte für das Berliner Zimmer hat, welches er im Kontext der Dienstbotenarchitektur als „eine Anordnung fast vorsintflutlicher Art" bezeichnet. Siehe dazu Muthesius 1919, S. 116.

2   Zur besseren Unterscheidung des Berliner Mietshauses haben sich zwei Bezeichnungen herauskristallisiert: zum einen die proletarische Mietskaserne, der zum anderen der bürgerliche bis großbürgerliche Mietspalast gegenübersteht. Wesentliche Unterschiede bestehen vor allem in der Wohnungsgröße und der Ausstattung sowie in der Lage innerhalb der Stadt, weniger in der eigentlichen innerstrukturellen Raumaufteilung, die lediglich im Volumen und in der Abgeschlossenheit der Wohneinheiten variiert.

3   Wird der Begriff der Mietskaserne spätestens seit Hegemanns Veröffentlichung *Das steinerne Berlin. Geschichte der größten Mietskasernenstadt der Welt* von 1930 auf beinahe alle Berliner Blockbebauungen angewendet, so bezeichnete er im eigentlichen Sinne den Typus des über einen Zentralkorridor erschlossenen Arbeitermietshauses, welches auch gestaffelt mit mehreren Hinterhäusern auftreten kann, bspw. der Meyers Hof im Wedding. Wie in einer Kaserne reiht sich hier Stube an Stube, die jeweils eine eigene Wohneinheit darstellt. Gekocht wurde zumeist in der Gemeinschaftsküche der Flurgemeinschaft. Ein sehr frühes Beispiel für Mietskasernen stellen die Familienhäuser im sogenannten Voigtland, welches als Armen- und Verbrecherviertel galt (d.i. der heutige Bereich nördlich der Torstraße) dar, die ab 1820 ebenda errichtet wurden und wegen ihrer menschenunwürdigen Lebensbedingungen schnell in Verruf gerieten.

4   Die Leitbilder des Stadt- und Wohnungsbaus in den 1950er/60er-Jahren in Berlin lauteten wie folgt: „Nutzung unbebauter Standorte in allen Bezirken, Abriß für den Wiederaufbau, Stadterneuerung durch Abriß und Neubau, Errichtung von Großsiedlungen in den Außenbezirken, Urbanität durch Dichte" (Peters 1995, S. 224).

5   Die Polyvalenz in der Architektur wurde zum wesentlichen Merkmal strukturalistischer Planungstheorie und ist als Kritik am Funktionalismus zu verstehen, der in seinen rational vorherbestimmten Grundrissen keinen Spielraum für eine freie Interpretation der Bewohner zuließ (siehe dazu etwa Lüchinger 1981). Die meisten Gründerzeitwohnungen, die vor der Zeit der klassischen Moderne entstanden, insbesondere die Mietswohnungen, zeichnen sich ebenfalls durch eine große Polyvalenz aus. Folgt man der Meinung Herman Hertzbergers, ist wahre Nutzungsaneignung durch die Bewohner erst in polyvalenten Räumen möglich. Polyvalenz ergibt sich dadurch, dass bspw. alle Räume in einer Wohnung gleich groß sind und nicht per Definition dem „Diktat des Architekten" (ebd.) unterliegen. Günter Assmann forderte dies für Mietswohnungen bereits im Jahre 1862. Polyvalenz in der Architektur zeichnet sich auch durch Flexibilität und Anpassbarkeit an die jeweiligen Lebensbedürfnisse aus. Diese Eigenschaften treffen auch auf das Berliner Zimmer zu.

6   Siehe dazu www.berlinerzimmer.de. Bis 2018 war auf dieser Website das 1998 gegründete Literaturportal „Berliner Zimmer – Der Salon im Netz" zu finden.

7   Zur szenografischen Betrachtung von Architektur und Städtebau siehe Bürkle 2013: „Das genreübergreifende Zusammenspiel und die Wirkung unterschiedlicher Medien im Raum charakterisieren die Szenografie. Sie kann also als eine Inszenierung von Räumen verstanden werden. [… Des Weiteren ist] Scénographie als […] aus dem Französischen entlehnter Begriff mehr als eine Mise en Espace, als ein ‚in den Raum setzen' zu verstehen, also eine Choreografie von Räumen und Raumabfolgen, von Atmosphären und Inhalten" (S. 9 f.).

8   Siehe dazu Leupen 2006.

9   Die vorliegende Arbeit verfolgt das Ziel, zum einen die Szenografie und Nutzungsaneignung textlich, fotografisch und phänomenologisch zu beleuchten und zum anderen architekturgeschichtlichen und raumtheoretischen Fragen nachzugehen. Im Sinne der Bauforschung ist es hier jedoch das Bauwerk selbst, also das Berliner Zimmer, in seiner Gesamterscheinung, das als Quelle der Erkenntnis dienen wird. Die Aneignungsformen dieses nutzungsoffenen Raums werden aufgezeigt, um den praktizierenden Architekten anhand der Fallbeispiele darzustellen, welche Wohnformen sich innerhalb offener Wohnstrukturen entfalten. Es soll veranschaulicht werden, dass eine *geplante Nutzungsoffenheit* von Räumen für die Bewohner, die sich innerhalb dieser Struktur leiblich befinden und topologisch entfalten, ein wesentliches architektonisches Moment ist. Der Zusammenhang der Kapitel und ihre Abfolge sind weder historisch im strengen Sinne, noch gliedert sich die Untersuchung ein in den Bereich der Soziologie, obschon das Thema freilich eine gesellschaftswissenschaftliche Dimension in sich trägt.

Zur Entstehung und Formfindung des Berliner Zimmers

Die Genese des Berliner Mietshauses mit Seitenflügel

Es wird im Folgenden der Versuch unternommen, anhand einer typologischen Genealogie die Geschichte des Berliner Zimmers darzustellen. Der größere Kontext um die Entwicklung des Berliner Mietshauses wird hierbei Beachtung finden, obschon der Fokus auf den Transformationsgeschehnissen innerhalb der Wohnorganisation des proletarischen und bürgerlichen Berliner Massenwohnungsbaus liegen wird. Die Verschmelzung der zwei architektonischen Raumkörper Vorder- und Seitenhaus, im Zusammenspiel mit der Erweiterung der Vorderhauswohnung in den Seitenflügeln, kann als *conditio sine qua non* für die Entstehung des Berliner Zimmers angesehen werden. Aus diesem Grund wird die Baugeschichte der fast ausschließlich giebel- und traufständigen Vorderhausbebauung Berlins, also in etwa bis in die Mitte des 18. Jahrhunderts hinein, weitestgehend ausgeblendet, um direkt an der Phase der beginnenden Hinterhausbebauung ansetzen zu können.

Über den Annäherungsprozess zweier architektonischer Körper

Das Berliner Zimmer ist das Ergebnis der „Vermählung" von Vorderhaus und Seitenflügel. Das Vorderhaus mit seiner Funktion der nach außen tragenden Repräsentation und seiner höheren Bauart hat sich mit dem Seitenflügel, dem vor allem die hauswirtschaftlichen Funktionen inhärent sind, innerlich verbunden. Wie kam es zu dieser Beziehung, aus der dann das Berliner Zimmer gewissermaßen als „androgynes" Element – weder Vorder- noch Seitenhaus – hervorging?

    Betrachtet man die Stadthäuser des mittelalterlichen Berlins bis in die Mitte des 17. Jahrhunderts, stößt man vor allem auf Bürgerhäuser, die sich giebelseitig der Straße zuwenden. Zwischen ihnen befinden sich schmale Abstandsflächen, auf die das Regenwasser der Dachflächen abgeleitet werden konnte.[1] Infolge des weiteren Wachstums der Stadt setzte dann eine Entwicklung ein, die sich bis zum einfachsten Bürgerhaus durch-

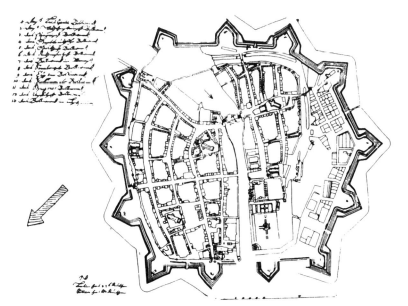

Abb. 1
Plan aus den Lindholz'schen
Papieren von 1657/58

zieht. Die Giebel stehen in der Regel nach wie vor parallel zur Straße, aber die Häuser rückten auf Kosten der Abstandsflächen und zum Nutzen einer dichteren Bebauung zusammen. Eine geschlossene Fassadenflucht entstand.[2] Ab der zweiten Hälfte des 17. Jahrhunderts fand dann eine einschneidende typologische Wende statt, die die erste von zwei Grundbedingungen für das Entstehen des Berliner Zimmers darstellt. Die neu zu errichtenden Häuser drehten sich um 90 Grad und wenden nunmehr die Traufseite der Straße entgegen. Ferner ist es mittlerweile die Regel, dass sie nicht mehr frei, sondern eng eingebaut beieinanderstehen.[3] Der reine Vorderhaustyp, der den Blockrand bündig abschließt, war geboren. Im innen liegenden Bereich des Straßenblocks existierten indes noch keine dahinter liegenden Wohngebäude. Dort, zwischen grünem Gartenland mit Ackerflächen, fanden sich lediglich einige Stallungen, Wirtschaftsgebäude und Remisen. Ein Blick auf den Lindholtz'schen Plan (1663), in dem die Bebauungsstruktur der Parzellen eingezeichnet ist, verdeutlicht dies.[4] **(Abb. 1)**

Es darf jedoch nicht unangemerkt bleiben, dass auch Ausnahmen existierten. Beispiele dafür sind die Wohnhäuser am Nikolaikirchplatz 8/9, die bereits einen kleinen Innenhof (zwischen 5 und 6 m^2) besitzen, an dessen Seite sich ein Hausflügel mit Flur und Haupterschließungstreppe zu einem Hinterhaus erstreckt. **(Abb. 2, 3)** Doch diese gab es nur vereinzelt, und es kann noch in keiner Weise von einem neuen Typ gesprochen werden.[5]

Im Laufe des 18. Jahrhunderts kam es dann zu einem leichten Anstieg von Bebauungen der hinter dem zu Wohnzwecken genutzten Vorderhaus liegenden Parzellen. Diese Hofgebäude dienten aber in aller Regel wirtschaftlichen Zwecken, wiederum abgesehen von Einzelfällen, in denen bereits eigenständige Wohneinheiten ihren Weg in die Hinterhausbebauung fanden. Sofern es sich bei der Hinterhausbebauung um Seitenflügel handelte, sind diese lediglich als additive Baukörper, mit einer geringeren Stockwerksanzahl, an das quer stehende Vorderhaus angesetzt – ohne eine innerstrukturelle Verbindung mit den Räumlichkeiten des Vor-

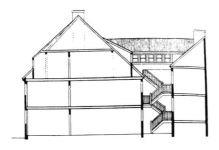

Abb. 2
Schnitt durch das Haus
Nikolaikirchplatz 8

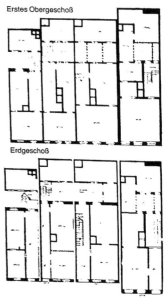

Erstes Obergeschoß

Erdgeschoß

Abb. 3
Grundrisse
Nikolaikirchplatz 6–9

Abb. 4
Grundrisse
Parochialstraße 19–23

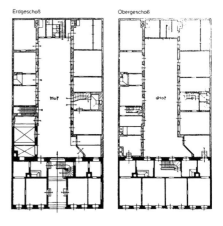

Erdgeschoß

Obergeschoß

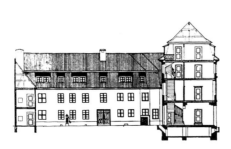

Abb. 5
Schnitt Kreuzstraße 15

Abb. 6
Grundrisse Kreuzstraße 15. Der
Hinterhof ist komplett umbaut mit
Seitenflügeln und einem Hinterhaus.
Das Vorderhaus und die Seitenflügel
durchdringen sich noch nicht, sondern
führen lediglich eine additive Koexis-
tenz. Ein Berliner Durchgangszimmer
existiert hier noch nicht

derhauses einzugehen.[6] **(Abb. 4)** Zum Bau von Seitenflügeln als einer Strate-
gie der typologisch optimierten Baugrundstücksausnutzung kam es wie
selbstverständlich dort, „wo der Bauplatz von vornherein beschränkt war,
also besonders in der inneren Stadt".[7] Demnach kann man sagen, dass in
etwa um 1740, insbesondere unter dem Druck einer schnell wachsenden
Bevölkerung und der damit einhergehenden Verdichtung der Stadt Berlin, der Grundstein für eine den ganzen Hinterhof umschließende Wohn-
bebauung gesetzt war.[8] **(Abb. 5, 6)** Es stellte sich den Baumeistern von nun an
vermehrt die Frage, wie der Anschlusspunkt Seitenflügel zum Vorder- respektive Querhaus, insbesondere in Bezug auf eine sinnvolle Erschließung,
in der Grundrissebene zu gestalten sei. Des Weiteren kam mit dem wachsenden Wohlstand der bürgerlichen Schicht vermehrt der Wunsch nach
größeren repräsentativen Vorderhauswohnungen auf. Dies war die zweite
wesentliche Voraussetzung für das Aufkommen des Berliner Zimmers.

> „Sobald man aber einmal dazu gelangt war, auf dem Hof Seitenflü-
> gel und Quergebäude mit selbständigen Wohnungen zu errichten,
> lag der Gedanke nahe,
> auch eine Vergrößerung
> der Wohnungen im Vor-
> derhause auf demselben
> Wege zu erreichen. Dieser
> Schritt war nicht weit, und
> er ist wahrscheinlich auch
> schon getan worden. Üb-
> lich wurde er erst in späte-
> rer Zeit."[9]

Abb. 7
Parochialstraße 27–31. Fassadenabwicklung

Demzufolge beginnt zu dieser
Zeit der eigentliche Genese-
prozess des Berliner Zimmers.
In der Parochialstraße 30 **(Abb. 7)**
beispielsweise fügte man im 18. Jahrhundert einen Seitenflügel als Gang
zwischen dem Vorderhaus und dem ehemaligen Küchenhaus ein, um die
Wohnung des Vorderhauses auszuweiten.[10] Ganz nebenbei schuf man damit aus der ehemals nach hinten ausgerichteten Stube des Vorderhauses
ein sehr frühes Beispiel eines Berliner Zimmers, das sich seinem späteren Typus entsprechend hier schon als Durchgangszimmer mit nur einem
Fenster zum Hof zeigt. **(Abb. 8)**

Der endgültige Durchbruch zu einer geschlossenen Seitenflügelbe-
bauung erfolgte in der Blüte des 18. Jahrhunderts.

> „Es ist aber auch zu bedenken, daß der größte Teil der Häuser groß
> und geräumlich ist, daß fast die Hälfte der Häuser ansehnliche Seiten-
> und Hinterhäuser haben, welche in manchen Gegenden der Stadt
> beynahe stärker bewohnt sind, als die Vorderhäuser."[11]

Am Beispiel des Hauses in der Stromstraße 59 in Moabit **(Abb. 9)** lässt sich
der additive Prozess zwischen Vorderhaus und Seitenflügel anschaulich
nachvollziehen. Diese Praxis der Nachverdichtung wurde bis weit in das
19. Jahrhundert hinein angewandt:

> „Wenn man den Werdegang dieser Hofbebauung als den gewöhnli-
> chen ansieht, so ergibt sich daraus – was sich aus zahlreichen Akten-
> stücken der Berliner Baupolizei noch heute nachweisen läßt –, daß die
> Hofgebäude zunächst in der Regel nur in bescheidener Höhe von ein

Abb. 8
Haus Parochialstraße 30
(18. Jh.). Hier zeigt sich wohl
eines der ersten Berliner
Zimmer – als Durchgangs-
stube zum Seitenflügel mit
nur einem Fenster zum Hof

bis zwei Stockwerken errichtet worden sind, daß man auch keineswegs die Seitengebäude sofort in der ganzen Tiefe des Grundstücks errichtet, geschweige denn von vornherein eine Bebauung des Grundstücks auf allen vier Seiten vorgenommen hat.“[12]

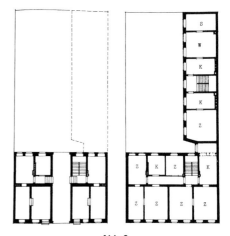

Haben die Seitenflügel anfangs noch ein bis zwei Stockwerke, wachsen sie aufgrund gesteigerter Ertragserwartungen seitens der Hauseigentümer zusehends in die Höhe bis auf vier Stockwerke. Schwierigkeiten erzeugte die Frage nach einer möglichst profitablen Erschließung dieser neu hinzugebauten Hinterhäuser.[13] Ein Beispiel, welches stellvertretend für viele Entwurfslösungen diesbezüglich angesehen werden kann, ist das Treppenhaus der Grünstraße 9. Der Baumeister legte es in die Ecke zwischen Seitenflügel und Quergebäude, also an den zukünftigen Platz des späteren Berliner Zimmers, denn „man [nahm] lieber ein dunkles Treppenhaus als ein dunkles Zimmer [d.i. das spätere Berliner Zimmer] in Kauf“.[14] **(Abb. 10)**

Abb. 9
Grundrisse Stromstraße 59. Das Berliner Mietshaus als wachsender Baukörper: erst ohne, dann mit Seitenflügel. Durch die Breite des Seitenflügels und den sich daraus ergebenden schmalen Lichtschacht muss es sich hier um ein besonders dunkles Berliner Zimmer handeln

Durch die additive Anfügung der Hintergebäude ohne jeglichen inneren Verbund mit dem Vorderhaus entstand indes ein völlig fensterloser, korridorartiger Raum, gegen den selbst ein schummriges Berliner Zimmer hell erleuchtet scheint. Ein bemerkenswertes Beispiel für Letzteres findet sich im sogenannten Ermeler-Haus.[15] Um 1690 errichtet, wurde dieses Stadtpalais um 1770 für den Lederzeug- und Monturenlieferanten Peter Friedrich Damm im Stil des Rokoko ausgebaut. Es zeichnet sich durch zwei Seitenflügel aus, die jedoch lediglich additiv an die tragende Hinterwand des Vorderhauses angebaut wurden. **(Abb. 11, 12)** Um dennoch eine Tageslichtbeleuchtung des zwischen Mittelwand und Seitenflügel liegenden Raumes zu gewährleisten, wurden schmale Fenster in die hofseitigen Ecken eingefügt. So kann im Ermeler-Haus noch heute, wenn auch nur in rekonstruierter Form und auf Nachfrage, da das Haus mittlerweile als Designhotel genutzt wird, eines der ältesten Berliner Zimmer in der Stadt besichtigt werden.

Doch kann zu jener Zeit noch nicht davon gesprochen werden, dass sich das Berliner Zimmer als Typus innerhalb der Berliner Altbauwohnung durchgesetzt hätte. Es fehlte sowohl im niederen wie auch im gehobenen Massenwohnungsbau noch an jedweder Form der inneren Verbindung zwischen Vorderhaus und Seitenflügel.

„Irgendeine innige Verbindung zwischen Vorderhaus und Seitenflügel bestand noch nicht. Die Lösung dieser Aufgabe war auch zunächst noch nicht so brennend, weil in der Regel im Vorderhaus wie im Seitengebäude selbständige Wohnungen lagen.“[16]

Ab der Mitte des 18. Jahrhunderts bis in die Mitte des 19. Jahrhunderts veränderten sich die Grundrisse in Bezug auf das Vorderhaus nur noch unwesentlich. Hinsichtlich dessen Verbindung zum Seitenflügel jedoch war es ab den 1780er-Jahren zur Regel geworden, das Vorder- und das Seitenhaus in durchdringender Weise miteinander zu vereinen.[17] Wohnungen waren in der schnell wachsenden Metropole gefragt, wodurch es kaum noch zum Bau von einstöckigen Wirtschaftsflügeln im Hinterland der Vorderhäuser kam. Stattdessen entstanden spätestens ab den 1820er-Jah-

Abb. 10
Grundriss Grünstraße 9. Statt eines Berliner Zimmers mit einem Fenster zum Hof platzierte man hier das Treppenhaus in die Ecke. Im Vorderhaus ergibt sich aus diesem Grund jedoch ein völlig fensterloser Raum

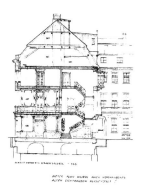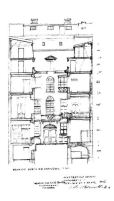

Abb. 11, 12
Grundriss und Schnitte des
Ermeler-Hauses in seiner
ursprünglichen Bauplanung
für die Breite Straße 11

ren allenthalben mehrstöckige Mietshäuser in Berlin.[18] Auch in anderen
Metropolen Europas entwickelte sich zu dieser Zeit der Typ des mehrge-
schossigen Mietshauses – waren diese doch der städtischen Repräsentation entlang der breiten Straßenachsen dienlicher als die schmalen und
niedrigen Bürgerhäuser der Vorzeit.[19]

Mit dem Anrücken des Seitenflügels an das Vorderhaus und dem Ausbau des Ersteren mit Wohnungen sowie der Herausbildung eines zweiten
Treppenhauses zur Erschließung der Seitenhauswohnungen wurden bis
hierher die wesentlichen prozessualen Schritte der Annäherung von Vor-
der- und Seitenhaus dargestellt. Der Vergrößerung der Vorderhauswohnung in den Seitenflügel hinein stand nun nichts mehr im Wege, womit der
Unterbau für die Verbreitung des in den Seitenflügel übergreifenden Berliner Zimmers als eine ortsspezifische architektonische Lösung geschaffen war.

Über den Durchdringungsprozess zweier
architektonischer Körper

Nachdem sich sowohl typologisch wie auch volkswirtschaftlich die
Grundlagen herausgebildet hatten, um im großen Stil Vorderhauswohnungen mit einer innerstrukturellen Verbindung in den Seitenflügel hinein entstehen zu lassen, musste eine adäquate Lösung für das dadurch
sich ausbildende Eckzimmer gefunden werden. Der Seitenflügel schloss
sich jetzt nicht mehr additiv an die hintere tragende Außenwand des Vorderhauses an, sondern durchdrang dieses gewissermaßen bis zur Mittelwand. Frühe Beispiele hierfür sind zum einen das um 1800 erbaute Etagenhaus in der Grenadierstraße 23,**(Abb. 13)** welches 1959 abgebrochen
wurde, sowie das 1805 errichtete Schadowhaus. **(Abb. 14)** Ersteres findet in

19

der Arbeit von Albert Gut, *Das Berliner Wohnhaus des 17. und 18. Jahrhunderts* (1917), Beachtung, wo es in Bezug auf das Berliner Zimmer auch an Kritik nicht mangelt.

„Zum erstenmal tritt zugleich das für die Berliner Wohnungsgrundrisse so bezeichnend gewordene ‚Berliner Zimmer' auf, jener Raum, der in der Ecke zwischen Vorderhaus und dem Seitenflügel liegt und, wie immer man den Raum auch legen und welche Form man ihm auch geben mag, in seinem größten Teile eine vollkommenen [sic!] unzureichende Belichtung und damit zusammenhängend auch eine vollkommen unzureichende Lüftung besitzt. Dadurch, daß den Räumen im Seitenflügel meistens eine etwas größere Tiefe gegeben wird als dem Berliner Zimmer, entsteht neben dem unglücklichen Raum auch noch eine vorspringende Ecke, die ihm noch weiteres Licht entzieht. Um dies nicht so schlimm in Erscheinung treten zu lassen, griff man zu dem sogar heute noch nicht ausgerotteten Hilfsmittel, den Raum in seiner Längenausdehnung zu verkürzen. Dadurch schob sich aber zwischen das Berliner Zimmer und die vorderen Räume ein vollkommen lichtloses Zwischengebilde, das in jener Zeit, in welcher der Alkoven noch immer nicht ganz ausgestorben war, besonders gern zum Schlafen benutzt wurde. Heute ist die Benutzung eines solchen Raumes zum Schlafen, weil zum dauernden Aufenthalt von Menschen nicht geeignet, baupolizeilich verboten. Das [sic!] er trotz alledem fast stets dazu benutzt wird, beweisen die Berichte der deutschen Wohnungsämter."[20]

Erdgeschoß Obergeschoß

Abb. 13
Grundriss
Grenadierstraße 23

Im bis hierhin Dargelegten erweist sich bereits, dass das Aufkommen des Berliner Zimmers Ergebnis einer prozessualen typologischen Genese ist, gepaart mit regionalspezifischen Bautraditionen. Gleichwohl stößt man noch immer hier und dort auf den Verweis, dass es Karl Friedrich Schinkel (1781–1841) gewesen sei, der den originären Einfall gehabt habe, an der Schnittmenge von Vorder- und Seitenhaus ein Durchgangzimmer zu platzieren.[21] Dem kann widersprochen werden: Bereits im Jahr 1917 arbeitete dies Gut in seiner Dissertation heraus.

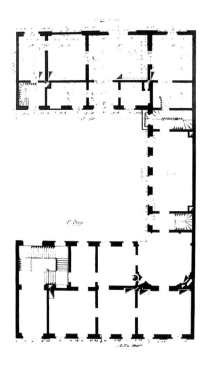

„Durch die Anführung der zuletzt beschriebenen Grundrisse, deren Entstehungszeit zum Teil durch Jahreszahlen belegt werden konnte, wird zugleich die vielfach in Büchern und Aufsätzen verbreitete Behauptung widerlegt, daß Schinkel durch den Grundriss des Feilnerschen Wohnhauses als ‚Vater des Berliner Zimmers' anzusehen sei. Aus den vorstehenden Ausführungen ergibt sich, daß es Grundrisse mit Berliner Zimmer schon lange vor der Entstehung des aus den Jahren 1828 bis 1830 stammenden Feilnerschen Hauses gegeben hat und daß von

Abb. 14
Das Schadowhaus mit
seinem oktogonalen
Berliner Zimmer (1805)

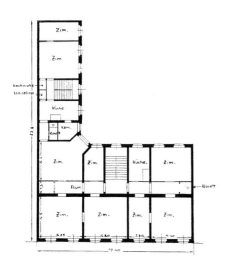

Abb. 15
Ein Mietshaus mit Berliner
Zimmer um 1800

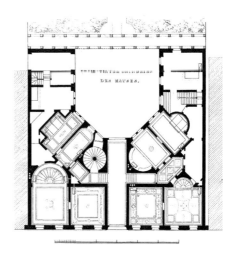

Abb. 16
Grundriss des Feilner'schen
Wohnhauses von
K. F. Schinkel (1828)

Schinkel in diesem Grundriß lediglich ein beachtenswerter Beitrag zu
der Frage, wie man die Nachteile dieses Raumes umgehen kann, ge-
liefert worden ist."[22]

Auch um 1930 herum, als im Zuge der Weltwirtschaftskrise die Entwurfs-
aufgabe der Verkleinerung von Großwohnungen der Gründerzeit auf die
Agenda trat, trifft man in dem Buch *Teilung und Umbau von Wohnungen*
auf eine klare Haltung bezüglich der Urheberschaft des Berliner Zimmers,
die mit der Abbildung eines frühen Beispiels **(Abb. 15)** untermauert wird:

„Hier tritt zum erstenmal ein Seitenflügel in Erscheinung. […] Besonders erwähnenswert ist hier das erstmalige Auftreten des später so
viel gehaßten ‚Berliner Zimmers'. Es wird häufig behauptet, daß Schinkel der Vater des ‚Berliner Zimmers' sei. [Im Grundriss des] Feilnerschen Hauses […] sieht man im Gegenteil, wie Schinkel bestrebt war,
eine Lösung zu finden, bei der er das Berliner Zimmer, das ihm wahr-
scheinlich auch nicht genügte, zu vermeiden suchte."[23]

Ob Schinkel wirklich bemüht war, das Berliner Zimmer dezidiert zu vermeiden, kann nicht mit Evidenz nachgewiesen werden. Er versuchte aber zu-
mindest beim Feilner'schen Haus, das Eckzimmer anhand von Nebenkor-
ridoren zu umgehen und auch die Belichtung zu verbessern, indem er das
Zimmer in der Grundrissebene um 45 Grad drehte. Dass es ihn einiges an
Anstrengung gekostet hat, diese Operation innerhalb der orthogonal an-
geordneten Wohnräume und der tragenden Wände zu bewerkstelligen,
lässt sich am Grundriss deutlich ablesen. **(Abb. 16)**

Interessant ist der Vergleich mit dem Grundriss des Wohnhauses am
Berliner Karlsbad von Martin Gropius (1824–1880) und Heino Schmieden
(1835–1913). Julius Posener (1904–1996) ist der Meinung, dass man dort einen „sehr interessanten Versuch, das Berliner Zimmer auf Schinkel'sche
Art zu behandeln und trotzdem Schinkels lange Flure zu vermeiden"[24],
erkennen kann. **(Abb. 17)** Es sei jedoch angemerkt, dass es sich bei diesem
Haus um eine Ausnahme innerhalb der klassischen Berliner Mietshausty-

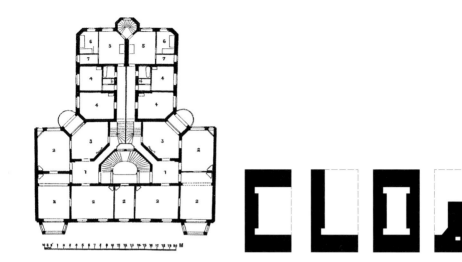

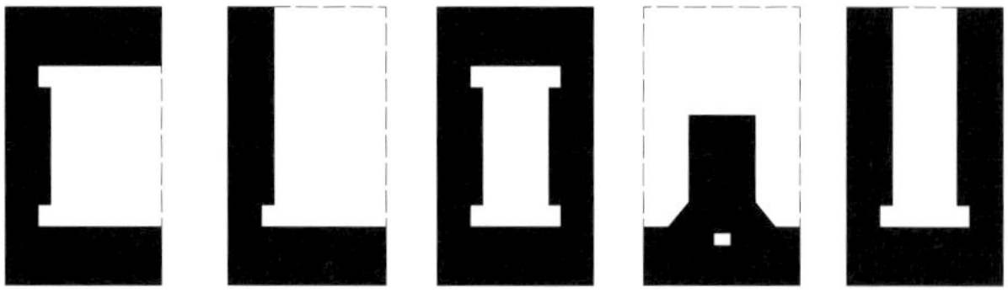

Abb. 17
Grundriss des Wohn-
hauses Am Karlsbad 12 von
Martin Gropius und Heino
Schmieden (1869)

Abb. 18
Die Typologien des Berliner
Mietshauses

pologien handelt. Zeigt sich diese nämlich vorrangig in der C-, L-, O- oder
U-Typologie, je nach Hofumbauung, liegt hier die in Berlin selten vertre-
tene sogenannte T-Typologie vor,**(Abb. 18)** deren Ursprung in Hamburg liegt
und dort als *Schlitzbauweise* bezeichnet wird. Auch hier ergibt sich ein
spärlich belichtetes Eckzimmer, das in Hamburg oft fälschlich als Berliner
Zimmer bezeichnet wird,[25] da es regelmäßig kein Durchgangszimmer ist.

Nachdem der Verschmelzungsprozess aus Vorderhaus und Seiten-
respektive Hinterhaus um 1820 weitestgehend abgeschlossen war, fand
das Berliner Zimmer vor allem über die nicht akademisch ausgebildeten
Baumeister Eingang in den Mietwohnungsbau. Diese orientierten sich an
sogenannten Grundrissmusterbüchern, was dazu beitrug, dass ein in sich
konsistenter Typus, dem regelmäßig das Berliner Zimmer innewohnte,
in der gesamten Stadt Verbreitung fand.[26] Dieser Typus kam bis 1925 zur
Ausführung. In diesem Jahr wurde eine neue Baupolizeiverordnung für die
Stadt Berlin erlassen, die bewohnte Hinterhausbebauungen fortan als un-
zulässig erklärte.

Der Berliner Mietshausgrundriss als Typus

Ungeachtet dessen, ob man selbst eine Wohnung aus der Berliner Gründerzeit bewohnt oder anderweitig eine Berliner Altbauwohnung betritt, eines fällt auf: Abgesehen von dem Volumen der Räume unterscheiden sich die Wohnungen in Bezug auf die Grundrissgestaltung und die Miethäuser hinsichtlich der Erschließungsstrukturen nur marginal. Man betritt das Mietshaus durch eine Vorhalle. Rechts und links befinden sich Spiegel, mitunter eine alte Portiersluke oder ihr Nachfolger, der „stille Portier", in Form einer Tafel mit den Nachnamen und der jeweiligen Wohnetage der ansässigen Mieter. Eine Treppe führt hoch in die Wohnungen des Vorderhauses, und ein schmaler Gang, sofern dieser nicht gänzlich vom herrschaftlichen Eingang separiert wurde, führt in den Hinterhof zu den Aufgängen zu den kleineren Wohneinheiten und den rückseitigen Dienstbotentreppenhäusern der Vorderhauswohnungen. Läuft man die Etagen des Vorderhauses ab, so begegnen einem zur linken und zur rechten Seite zumeist hölzerne Flügeltüren, die in die jeweiligen Wohneinheiten führen. Im Vorderhaus sind es Ein- bis maximal Vierspännerkonstellationen, mit aufsteigender Anzahl zum obersten Stockwerk hin. Zur näheren Betrachtung einer „typischen" Berliner Mietshauswohnung aus der Gründerzeit ist im Folgenden der generische Grundriss einer Wohneinheit der Kategorie 3[27] – also eine „bessere bürgerliche Wohnung"[28], wie man sie in nahezu standardisierter Form noch massenhaft in Berlin vorfindet – beschrieben. Die Wohnungen der Kategorie 1 fielen zum einen größtenteils den Bombardierungen des Zweiten Weltkrieges rund um das sogenannte Tiergartenviertel zum Opfer und sind zum anderen, sofern sie den Zweiten Weltkrieg überlebt haben, aufgrund von Wohnungsteilungsmaßnahmen kaum noch wiederzuerkennen.

Betrachtung einer „typischen" Berliner Wohnung

Einleitend sei erwähnt, dass das Gros der Berliner Altbauwohnungen als vernakuläre Architektur bezeichnet werden kann, die, ohne Zuhilfenahme von Architekten, von handwerklich ausgebildeten Baumeistern geplant und errichtet wurde.[29]

> „Die Mietskaserne ist in architektonischer Hinsicht ein Massenprodukt, das sich der künstlerischen Gestaltung des einzelnen Architekten entzogen hat. Denn nur etwa 5 % aller Häuser in Berlin sind damals von Architekten entworfen worden."[30]

Ab Mitte des 19. Jahrhunderts kam es zusehends zu Publikationen von Musterbüchern mit bewährten Grundrisslösungen und dem Ziel, die Raumdispositionen, welche sich bis dahin herausgebildet hatten, in Bezug auf ihre Nutzung als Mieteinheiten zu optimieren. Eines der bedeutendsten Musterbücher dieser Zeit ist die Veröffentlichung von Gustav Assmann mit dem Titel *Grundrisse für städtische Wohngebäude. Mit Rücksicht auf die für Berlin geltende Bau-Ordnung* aus dem Jahre 1862. Es sei hier bereits erwähnt, dass sich die Grundrisse der Berliner Mietshäuser ab der Herausgabe dieses Standardwerkes nahezu anglichen. Die vorgeschlagenen Lösungen Assmanns für die Grundrissgestaltung wurden ohne große Änderungen in den Bauantrag übernommen und ausgeführt. Freilich blieb Kritik bezüglich dieser „Schablonenarchitektur" nicht aus.

> „Leider [...] muss gesagt werden, daß sich die Architekten in dieser Materie [dem Mietshausbau], die doch sicherlich 9/10 alles Bauens in der Großstadt ausmacht, so gut wie gar nicht beschäftigt haben. Es mögen verschiedene Gründe dazu geführt haben [...]. Nicht zum geringsten Teil ist es wohl auch darauf zurückzuführen, daß eben diese Unternehmer den Architekten entbehren zu können glauben oder ihn doch nur heranzuziehen suchten für das, was dem eigenen Können nicht nur gänzlich abging, sondern von dem sie selbst überzeugt waren, daß sie es nicht leisten konnten, nämlich zu dem Fassadenentwurf. Auf diese Weise ist in unseren Großstädten eine Fassadenzeichnerei entstanden, die nicht zum wenigsten zu dem ungeheuren dieser Miethausarchitektur beigetragen hat. Die vielfache Aehnlichkeit der Miethausgrundrisse hat nämlich dazu verführt zu glauben, daß man zur Aufstellung und Ausarbeitung eines ganzen Projektes der Architekten entraten könne, und so werden denn in den meisten Fällen diese Grundrisse schablonenhaft von untergeordneten Kräften hergestellt und nur zur Erzeugung des schönen Scheines die Mitarbeit des Architekten beansprucht."[31]

Diese Aussage des Reformarchitekten Alfred Gessner (1868–1953) stammt aus dem Jahre 1909, eben jener Zeit, als sich die Kritik am Berliner Mietshaus in der Fachwelt zunehmend durchgesetzt hatte.[32] Heutzutage hingegen erfreut sich auch das „schablonenhafte" Berliner Mietshaus einer großen Beliebtheit; der rasante Anstieg der Kauf- und Mietpreise in diesem Segment bildet dies ökonomisch ab.[33]

Doch wie stellt sich eine „typische" Berliner Altbauwohnung aus der Zeit der Musterbücher dar? Um dies zu ergründen, ist im Folgenden die Beschreibung einer dem allgemeinen Typus entsprechenden Berliner Vorderhauswohnung der mittleren Wohnkategorie, mit in der Regel vier bis fünf Zimmern und durchschnittlich 120–140 Quadratmetern, wiedergegeben: Nach einer doppelflügeligen Eingangstür folgt die Diele, die entweder als Eingangshalle quadratisch oder als Korridor rechteckig ausgeführt ist. Straßenseitig gehen die Flügeltüren zu den repräsentativen und mit Parkett belegten Vorderräumen ab. In der Regel gibt es von diesen zwei bis drei, die Zimmerdecken immer stuckverziert – eines mit Erker, ehemals der Salon, und eines mit Balkon oder Loggia, einst die „gute Stube". Hofseitig befindet sich eine weitere Tür in einen kleineren Raum, welcher mitunter als Herrenzimmer genutzt wurde. Am Ende der Diele befindet sich eine zumeist einflügelige Tür zum Berliner Zimmer, das in der hier betrachteten Wohnungskategorie nur selten mit Parkett und häufiger mit Dielen versehen ist – was bereits den Übergangscharakter zum wohnraumhierarchisch untergeordneten Seitenflügel zum Ausdruck bringt. Dass die Zimmerdecke des Berliner Zimmers in der Regel dennoch mit Stuckverzierungen versehen ist – ein Gestaltungsprivileg, das üblicherweise den Vorderräumen zukam –, deutet ebenfalls auf die Mittlerrolle dieses Raumes hin. Das Berliner Zimmer befindet sich gewissermaßen in einer Zwischenzone, nicht ganz im Seitenflügel und nicht mehr ganz im Vorderhaus. In den Wohnungen der mittleren Wohnkategorie wurde es nur anteilig dem Gestaltungskanon der Vorderräume angepasst. Anders in den hochherrschaftlichen Wohnungen, wo es die Regel war, dass das Berliner Zimmer integrativer Teil der Repräsentationsräume war.

Das Berliner Zimmer, im Zentrum der Wohnung gelegen, ist ausgestattet mit einem großen Fenster zum Hof sowie mit drei Türen. Eine führt zurück in die Diele oder den Flur und eine mit Glaseinsätzen versehene Flügel- oder Schiebetür, um zusätzlich indirektes Tageslicht einzuleiten, führt in der Regel zum Balkonzimmer. Die dritte, stets einflügelige Tür, führt immer zum Wirtschafts- und Schlaftrakt im Seitenflügel.

Die Vorderräume werden üblicherweise, je nach Zimmeranzahl, durch eine Enfilade von weiteren Flügel- oder Schiebetüren miteinander verbunden, sodass man sämtliche Wohnräume durchschreiten kann, ohne den Erschließungskorridor, der zugleich auch als Dienstbotenkorridor zum Bedienen der Herrschaften herhalte musste, queren zu müssen.

Hinter der Nebentür am Ende des Berliner Zimmers befindet sich ein dunkler und je nach Größe der Wohnung unterschiedlich langer, schlauchartiger Korridor – im Volksmund des 19. Jahrhunderts auch als „Kegelbahn“[34] bezeichnet –, an dessen Ende sich üblicherweise die Tür zur Küche befindet. Auf dem Weg dorthin weisen einflügelige Türen, die sich in Juxtaposition zur Brandwand befinden, in die kleineren Schlafräume oder in das Badezimmer. Bei dem kleinsten und schmalsten dieser Räume handelt es sich in aller Regel um die einstige Mädchenkammer, sofern das Nebengelass nicht als Hängeboden über dem Badezimmer oder der Küche ausgeführt wurde.[35] Hinter der den Korridor abschließenden Tür befindet sich die Küche. Das Fenster der Küche geht immer zum Hof hinaus. Die Küche besitzt in der Regel, wenn nicht mittlerweile durch Renovierungsmaßnahmen entfernt, eine weitere Tür, die in das Dienstbotentreppenhaus führt. Dieses führt zum einen hoch bis zum Dachboden, auf dem sich zumeist die Waschküche mit Trockenboden befand, und zum anderen hinunter in den Hinter- beziehungsweise Wirtschaftshof; und weiter direkt in den Keller, von wo aus, je nach Baujahr und Wohnkategorie des Mietshauses, ein Kellerkorridor zum Nebeneingang für die Dienstboten führt.

Diese Schilderung der typischen Berliner Wohnung und ihrer ureigenen Raumszenografie soll die besondere Lage des Berliner Zimmers innerhalb der Raumdisposition aufzeigen. Am Scheitelpunkt des L-förmigen Grundrisses gelegen, hat es vor allem die besondere Aufgabe, zwischen den Repräsentationsräumen und den Nebenräumen zu vermitteln. Die programmatischen Grundlagen finden sich im Assmann'schen Grundrissmusterbuch.

Das Assmann'sche Grundriss-musterbuch und das Berliner Zimmer

Eine Ursache dafür, dass sich die im vorherigen Kapitel beschriebene Grundrissform in Berlin als Typus durchgesetzt hat, liegt vor allem im Erscheinen des Assmann'schen Musterbuchs *Grundrisse für städtische Wohngebäude. Mit Rücksicht auf die für Berlin geltende Bau-Ordnung.*[36] **(Abb. 19)** Im Jahre 1862 vom Landbaumeister Gustav Assmann (1825–1895) veröffentlicht, steht es in der Tradition der von Beuth, Schinkel und Gilly herausgegebenen Musterbücher, die sich direkt an den Handwerker richteten. Gehen diese Vorlagen aber vor allem auf baukonstruktive Themen ein, steht ihnen kein vergleichbares Werk gegenüber, welches sich in ähnlich dezidierter Form der Grundrissausgestaltung von Etagenhauswohnungen in Berlin zuwendet wie die Veröffentlichung Assmanns. Er wendete sich gezielt an die „anonymen Baumeister" Berlins und fand augenscheinlich großen Zuspruch, wie ein Blick auf die Berliner Blockstruktur ab 1862 zeigt. Dort ist eine zunehmende Umsetzung der von Assmann beschriebenen Bautypologien zu erkennen.[37] Assmanns diagrammatische Grundrisse **(Abb. 20)** wurden von den Baumeistern geradeheraus schablonenhaft übernommen, der Breite und Tiefe der Bauparzelle angepasst und von der Baupolizei dankend abgenommen, da sich diese nicht immer wieder in neue Grundrisse und damit einhergehende Tragwerksstrukturen und Brandschutzvorkehrungen hineindenken musste:

Abb. 19
Grundrisse für städtische Wohngebäude (1862)

> „Die Ausführlichkeit dieser Sammlung und ihr Charakter eines Vorlagewerkes ermöglichte der Unzahl mangelhaft ausgebildeter Baumeister, ohne auch nur einen Gedanken auf die zweckmäßige Disposition der Räume zu verschwenden, durch bloßes Kopieren das Anfertigen von Grundrißzeichnungen zur Vorlage bei der Baupolizei. [...] Die baupolizeilichen Vorgaben waren derart primitiv, daß ihre Vorschriften leicht durch standardisierte ‚Entwürfe' erfüllt wurden. [...] Den Beamten der Baupolizei bereitete es natürlich weniger Mühe, die immer gleichen Projekte auf Belange der Statik und Feuersicherheit zu überprüfen, als sich in ständig neuen Konstruktionszeichnungen und Berechnungen zurechtfinden zu müssen. [...] Die bei den Behörden gültigen architektonischen Vorstellungen gingen nicht über das Fluchtliniengesetz von 1875 hinaus."[38]

Für Assmann selbst ist es der Mangel an Publikationen mit Grundrissen zum „Bau des einfacheren städtischen Wohngebäudes, in welchem für die Mittel- und ärmeren Klassen großer Städte Mieths-Wohnungen geboten werden"[39], der ihn antrieb, diese Lücke zu schließen. Anhand von 23 Grundrissen auf zehn Tafeln erläutert er in anschaulicher und strukturierter Weise, auf was bei dem Bau einer Mietswohnung zu achten sei. Dazu unterteilt Assmann die Häuser typologisch in: „Vorderhäuser mit freistehenden Hinterhäusern", „Vorderhäuser mit einem Seitenflügel (L-Typ)", „Vorderhäuser mit zwei Seitenflügeln

„(U-Typ)", „Vorderhäuser mit einem Seitenflügel und Querhaus (C-Typ)", „Vorderhäuser mit beidseitigen Seitenflügeln und Querhaus (O-Typ)" sowie „Eckhäuser".

Die Wohnungen wiederum teilt er ein in „Kleine Wohnungen" und „Die großen Wohnungen", wobei das wesentliche Unterscheidungsmerkmal darin liegt, „daß in den ersten Familien ohne Dienstboten wohnen"[40], also keine Nebengelasse vorhanden waren, und in den zweiten „Familien, die Dienstboten halten"[41], weshalb es hier notwendig war, Nebengelasse in die Wohnung zu integrieren, womit sich ein größerer Flächenbedarf ergab.

Bei der innerstrukturellen Disposition der Wohnräume und deren Zuschnittsgröße legte Assmann insbesondere auf die Nutzungsoffenheit und Flexibilität der Räume großen Wert. Dem Berliner Zimmer, das hier unter dem Namen *Eckzimmer* in Erscheinung tritt, kommt mit Abstand die meiste Aufmerksamkeit zu:

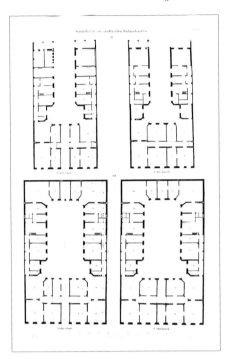

„In manchen Gegenden werden dagegen nur kleine Wohnungen, auf manchen Grundstücken nur größere Wohnungen gebaut werden; während die Verhältnisse es zum Theil wieder bedingen, die Möglichkeit, mehrere kleinere Wohnungen in den besseren Geschossen zu einer größeren zu vereinigen, schon beim Neubau vorzusehen oder die größeren Wohnungen in den obersten Geschossen leicht theilen zu können, was namentlich für die Wahl der Stockwerkshöhen oft besonders bestimmend wird. [...].

Für die Disposition der Wohnräume bleibt nur wenig zu besprechen. Die schon früher angedeutete, immer wechselnde Weise der Benutzung und das mit jedem einziehenden Miether sich ändernde Bedürfniß gestatten nicht, Anordnungen zu treffen, die besonderen Verhältnissen entsprechen. Die Aufgabe scheint vielmehr gelöst, wenn Wohnungen, bei einer angemessenen Größe der Zimmer, eine möglichst mannigfache und ungestörte Benutzung derselben gestatten. [...] Besonders beachtenswerth bleibt die Zuführung von Licht in die Räume, welche im Anschluss der Seitenflügel an die Vorderhäuser liegen. Die einfachste Lösung bleibt hier immer die Anlage eines Fensters in der stumpf abgeschnittenen Ecke, welche sich in Wohnräumen zu angenehmen Sitzplätzen ausbilden lassen. Man hat dann nur angemessene Dimensionen für die Größe dieses Fensters, für die Breite und Tiefe dieser Nische zu wählen. Zuweilen bleibt indessen eine Anordnung vorzuziehen, durch welche dies breite Fenster entweder in die Hinterfront des Vorderhauses oder in die Vorderfront des Seitenflügels gelegt wird. In allen Fällen muss man indessen diesen Fenstern eine möglichst freie Lage geben, um den Zutritt des Lichtes in diese ohnehin ungünstig liegenden Räume nicht zu beeinträchtigen. Es wird hierdurch oft erforderlich, dem im Seitenflügel zunächst anstoßenden Raum eine Tiefe zu geben, welche für die Anlage eines Corridors hinter demselben zu gering ist, doch trifft diese Einschränkung nur diesen zunächst liegenden Raum, wenn der Seitenflügel hinter demselben sogleich mit einer größeren Tiefe in den Hof hineintritt.

Müssen jene Eckzimmer aber voraussichtlich als Schlafräume oder Kinderzimmer dienen, so legt man mit Vortheil die Thüren unmittelbar neben das Fenster in der gebrochenen Ecke. Man vermeidet hierdurch nicht allein die Passage durch das ganze Zimmer, sondern in den ohnedies beschränkten Seitenflügeln die Corridore, – Schließlich bleiben noch einige Andeutungen über die zweckmäßige Bebauung von Eckgrundstücken zu geben."[42]

Exkurs zur Begriffsgeschichte des Berliner Zimmers

Ein Wohnraum, der nach seiner Heimatstadt benannt ist anstatt nach seiner Nutzung, ist einzigartig in Deutschland. Neben dem *Berliner Porzellan* und dem *Berliner Blau* entstand in Berlin auch das *Berliner Zimmer*. Allgemein beschreibt das vorangestellte *Berliner*, dass etwas aus Berlin kommt respektive in dieser Stadt erfunden wurde. Doch ab wann war der Begriff Berliner Zimmer ein fester Bestandteil der Fachterminologie und der allgemeinen Konversation?

Zur Klärung dieser Frage lohnt ein Blick in das älteste Konvolut über Berlin und seine Bauten mit dem gleichlautenden Titel.[43] Veröffentlicht im Jahr 1877, vermittelt es den Anschein, man sei sich als Architekt zu jener Zeit noch nicht recht im Klaren darüber gewesen, wie dieses Berliner Phänomen eines Eckdurchgangszimmers überhaupt zu benennen sei: Es ist zum einen von der „Berliner Ecke"[44] die Rede und zum anderen vom „Berliner Zimmer"[45] – mit und ohne Auszeichnungen. Dies lässt vermuten, dass man mit dem Begriff Berliner Zimmer als auch mit dem Raumtyp um 1870 herum im architekturwissenschaftlichen Diskurs noch nicht sonderlich vertraut war. Auch um 1889 ist er in einer der wichtigsten Enzyklopädien der Zeit, *Meyers großem Konversations-Lexikon*, noch nicht verzeichnet. Man findet den Begriff erst in der 6. Ausgabe von 1908, in der es heißt:

> „Berliner Zimmer, großes rechtwinkeliges Zimmer in Berliner Mietshäusern, das, in der Regel Speisezimmer, teils im Vorderhaus, teils im Seitenflügel liegt und sein Licht durch ein Fenster im einspringenden Winkel des Hofes erhält. Das B. Z. gewährt eine sehr vorteilhafte Ausnutzung des Raumes und hat deshalb in Norddeutschland weite Verbreitung gefunden, obwohl es Durchgangsraum für die Dienstboten und oft ungünstig beleuchtet ist."[46]

Der *Grosse Brockhaus* ist diesbezüglich aufgeschlossener. Dort findet man den Begriff Berliner Zimmer bereits ab der 14. Auflage von 1894, wo unter diesem Schlagwort verzeichnet steht:

> „Berliner Zimmer, Bezeichnung desjenigen Zimmers in Berliner Wohnhäusern, das sein Licht von einer Hofecke aus durch ein Fenster erhält, das an einer der Ecken des rechtwinkligen Raumes sich befindet. Das B.Z. verdankt seine Entstehung der Gestaltung

der Bauplätze und dem Wunsche nach größter Ausnutzung des Raumes. In neuerer Zeit kommt das B.Z. auch anderwärts zur Ausführung."[47]

Vermutlich fand der Begriff Berliner Zimmer um 1870 Eingang in den allgemeinen Sprachgebrauch, denn in jener Zeit fand der „bekannte Typ der Berliner Mietskaserne, mit ‚Berliner Zimmer', Seiten- und Hinterflügel, Hängeboden, Küchenräumen, Mädchenkammer und zweiter Treppe seine Ausprägung".[48] Als wesentliche Synonyme haben sich die Bezeichnungen *Berliner Ecke, Eckzimmer, Berliner Stube, Berliner Saal* und *Berliner Spelunke* herausgebildet, die sowohl in literarischen als auch in architekturwissenschaftlichen Quellen verwendet werden.

1 Vgl. Hoffmann-Axthelm 2011, S. 50.
2 Vgl. Gut 1984, S. 21.
3 Vgl. ebd., S. 41.
4 Siehe dazu Schulz 1986, S. 25.
5 Vgl. Gut 1984, S. 48.
6 Vgl. ebd., S. 117 f.
7 Ebd., S. 118.
8 Vgl. ebd. und Hoffmann-Axthelm 2011, S. 88 f.
9 Gut 1984, S. 118.
10 Siehe dazu ebd., S. 278.
11 Nicolai 1797, S. 238.
12 Gut 1984, S. 188.
13 Vgl. ebd.
14 Ebd., S. 188.
15 Dieses Stadtpalais des Kaufmanns Ermeler wurde um 1690 in der Breiten Straße 11 erbaut und 1967 aufgrund von Straßenverbreiterungsmaßnahmen im damaligen Ost-Berlin (DDR) komplett abgebaut, um am Märkischen Ufer 10 wiedererrichtet zu werden.
16 Gut 1984, S. 189.
17 Vgl. ebd., S. 219. Siehe dazu ebenfalls Skoda 1985, S. 44 f.
18 Siehe dazu Hoffmann-Axthelm 2011, S. 131 ff.
19 Siehe dazu Hartog 1962, S. 35.
20 Gut 1984, S. 220.
21 Diese eminent falsche Darstellung fand sich zum Beispiel in der Online-Enzyklopädie Wikipedia. Dort hieß es: „Der Berliner Zimmer genannte Raum entstammt der Feder von Karl Friedrich Schinkel, der ihn der Nutzung der zur Verfügung stehenden Wohnfläche zuliebe begünstigte" (https://de.wikipedia.org/wiki/Berliner_Zimmer, zugegriffen am 01.08.2015). Mittlerweile wurde der Eintrag aufgrund der Erkenntnisse aus der vorliegenden Arbeit korrigiert. Im Online-Baulexikon heißt es: „Auf den vor allem in Berlin tätigen, weltberühmten Baumeister und ‚Oberlandbaudirektor' Karl Friedrich Schinkel zurückgehende Eigentümlichkeit, zwischen Vorderhaus und Seitenflügel ein Eckzimmer vorzusehen, das dann als ‚Berliner Zimmer' in die Architekturgeschichte einging" (http://www.das-baulexikon.de/lexikon/Berliner%20Zimmer.htm, zugegriffen am 01.08.2015).

22 Gut 1984, S. 235.
23 Roth 1932, S. 30.
24 Posener 2013, S. 171.
25 Siehe dazu und zur Hamburger Schlitzbauweise Wiek 2002.
26 Zum Einstieg in diese Thematik empfiehlt sich Hausmann/Soltendiek 1986.
27 Die Bauherren jener Zeit konnten sich, je nach Renditewunsch und finanziellen Kräften und anhand des Grundrisses, an der sogenannten Grund- und Bodenwerttabelle orientieren, die mit der Methodik der Kategorisierung von Wohnungstypen anhand von Ausstattungsmerkmalen arbeitet. Im Folgenden sind die Kategorien der Grund- und Bodenwerttabelle von 1908 dargestellt, da diese noch immer dazu zweckdienlich sind, die Berliner Etagenwohnungen zu klassifizieren:
„Die Miete für Wohnungen richtet sich nach der Anzahl, Größe, geschmackvollen Ausstattung, Lage und bequemen Verbindung der Zimmer, ferner nach der Lage und Eleganz des Gebäudes, in welchem sie sich befinden. Auch die Aussicht ist besonders bei besseren Wohnungen zu beachten. Es werden 4 Arten von Wohnungen angenommen:
1. Hochherrschaftliche Wohnungen in Gebäuden ähnlich monumentalen öffentlichen Gebäuden gebaut (Bauart I), mit gediegenstem inneren Ausbau. Enthalten unter den angeführten Zimmern einen Saal (sehr große Wohnungen wohl auch einen größeren und einen kleineren Saal), alles mit Dampf oder Warmwasserheizung, Warmwasserbereitung und elektrischer Lichtanlage, mit nächtlicher Treppenbeleuchtung, auch Erker oder Balkon. Verschlossenes Haus mit Portier und zwei Aufgängen. Außerdem Küche mit Gaskocheinrichtung, zuweilen auch Eisschrank, Kammern, Mädchengelaß, Waschküche, Roll- und Plättstube, Badezimmer, viel Beigelaß, die Zimmer hell und geräumig mit guter Aussicht, Gartenbenutzung und bei den höheren Preisen auch Stallungen, Wagenremise oder Automobilraum, Kutscher- und Bedientenzimmer, Fernsprecher und hydraulische Personenaufzüge, mehrere

Klosetts. Die Treppe mit Läufern belegt. Mitunter auch eingemauerte diebessichere Kassetten, Wandspinde und Vaccum-Reinigung, Teppichklopfmaschine, Mottenkammer, sogar Normaluhr.

2. Herrschaftliche Wohnung in Gebäuden mit elegantem inneren Ausbau (Bauart II), Erker oder Balkon; enthalten außer der Anzahl Zimmer noch Küche mit Gaskocheinrichtung, Speisekammer, Mädchengelaß, Waschküche, Badezimmer, Dienerzimmer mit viel Beigelaß, Klosett etc. Verschlossenes Haus mit Portier, auch wohl Fernsprecher. Die größten Wohnungen enthalten unter den angeführten Zimmern einige größere Zimmer oder einen kleinen Saal [i.d.R. das Berliner Zimmer]. Die Treppen mit Läufern belegt. Elektrische Klingel zum Balkon.

3. Bessere bürgerliche Wohnung in soliden bürgerlichen Wohngebäuden (Bauart III). Mitunter mit Balkon oder Badezimmer. Enthalten außer der Anzahl Zimmer noch Küche, Speisekammer, Beigelaß, Klosett, Boden und Kellerraum.

4. Einfache Wohnungen in bürgerlichen Wohngebäuden (Bauart III), in geringeren Gebäuden (Bauart IV und V) oder in gewöhnlichen Hintergebäuden. Enthalten außer der Anzahl Zimmer einfachster Art noch Küche und Beigelaß (Boden- oder Kellerraum). Nur die kleinsten Wohnungen

von 1 Stube enthalten eine Küche ohne Beigelaß." (Grund- und Bodenwerttabelle von 1908, aus: Geist/Kürvers 1984, S. 270)

28 Ebd.
29 Vgl. Bodenschatz 1987, S. 86.
30 Geist 1984, S. 238.
31 Gessner 1909, S. 26.
32 Vgl. Bodenschatz 1987, S. 55.
33 Siehe dazu http://www.berliner-mieterverein.de/magazin/online/mn0613/061314.htm, zugegriffen am 10.08.2015.
34 Siehe dazu Geist 1984, S. 273.
35 Siehe zu den Arbeits- und Wohnbedingungen der Dienstboten in Berlin Müller 1981.
36 Vgl. Klapheck 1991, S. 15 ff.
37 Vgl. Geist 1984, S. 221.
38 Pick 1993, S. 251 und S. 56.
39 Assmann 1862, S. 5.
40 Ebd., S. 8.
41 Ebd.
42 Ebd., S. 8–10.
43 Siehe dazu Architekten-Verein 1877.
44 Ebd., bspw. S. 463.
45 Ebd., bspw. S. 456.
46 Bibliographisches Institut 1903, S. 706.
47 Brockhaus-Verlag 1894, S. 820.
48 Hartog 1962, S. 37.

Der Export des Berliner Zimmers

Berlin besaß im ausgehenden 19. Jahrhundert als Provinzhauptstadt Preußens und Reichshauptstadt auf dem Feld von Architektur und Stadtplanung freilich eine besondere Strahlkraft. Zudem wurde ein Großteil der den Diskurs anführenden Architekturzeitschriften jener Zeit in Berlin veröffentlicht. In ihnen wurden in großer Regelmäßigkeit Mietshausprojekte aus der Reichshauptstadt vorgestellt.[1] Architektonische Ansätze und Lösungen, die in Berlin Eingang in den Massenwohnungsbau fanden, wurden vielfach von den Stadtbaumeistern der großen und mittleren Provinzstädte Preußens kopiert.[2] So wurde der Typus der Berliner Mietskaserne insbesondere in vielen Städten im Norden, Osten und Westen des damaligen Deutschen Reichs implementiert. Mitunter geringfügig weiterentwickelt oder umstrukturiert, wurde er meist unverändert übernommen – inklusive des typischen Berliner Grundrisses.[3] So fanden viele Berliner Zimmer eine neue Heimat, abseits der damaligen Reichshauptstadt, die ihnen ihren Namen gab.

Das Berliner Zimmer auf Abwegen

Es waren vor allem die Städte in den östlichen Provinzen Preußens,[4] in die das Berliner Zimmer seinen Weg fand.

> „Die Auswirkungen des Berliner Beispiels [der Mietskaserne] zeigten sich bald in anderen deutschen Städten, zumal in den Ostgebieten, die schon immer gewohnt waren, Berlin als Vorbild zu nehmen. So wurden Breslau, Görlitz, Posen, Stettin Mietskasernenstädte. Auch Magdeburg nahm das neue System an, Leipzig und Dresden zeigten eine ähnliche Entwicklung."[5]

Schaut man hingegen nach Hamburg, stößt man auf die sogenannte Schlitzbauweise: mit langen Korridoren und ohne Berliner Zimmer. **(Abb. 21)** Auch setzte sich dort recht schnell der Verzicht auf eine dichte Hinterhausbebauung durch. Der Oberbaudirektor, Architekt und Hochschullehrer Friedrich Wilhelm Schumacher (1869–1947) war eng mit den Reformen gegen diese verknüpft. Er zeigte auf, „dass der Verzicht auf Hinterflügelbauweisen auch wirtschaftlich tragbar war[,] und empfahl die hintere Baulinie".[6]

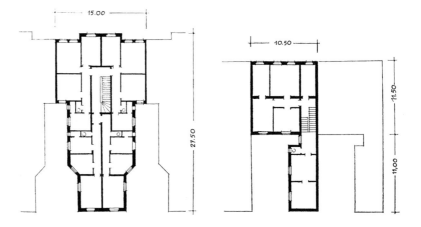

In der damaligen preußischen Rheinprovinz, insbesondere in Köln und Düsseldorf, wurde der traditionelle Flachbau ebenfalls von einem Mietshaussystem in Etagenbauweise, mit Vorderhaus und Seitenflügel, abgelöst.[7] Auch hier kann man vereinzelt auf Berliner Zimmer stoßen. Zumeist liegt an der Stelle des Berliner Zimmers jedoch entsprechend dem Pariser Grundriss das Haupttreppenhaus, welches sowohl das Vorder- als auch das Seitenhaus erschließt. **(Abb. 22)** Dabei sind die Wohnungen des Seitenflügels in der Regel um ein halbes Podest versetzt. Bei größeren Wohnungen, die den Seitenflügel mit einnehmen, windet sich ein Korridor, belichtet durch die hofseitigen Fenster, an diesem Treppenhaus vorbei. **(Abb. 23)**

Auch in der ehemaligen Provinz Hannover, gelegen zwischen den Kräftefeldern der Freien und Hansestadt Hamburg und der Reichshauptstadt Berlin, stößt man, wenn auch seltener, auf Eckdurchgangszimmer. **(Abb. 24, 25)** Die Regel war jedoch die direkte Fortführung des Eingangskorridors, um die Ecke herum in den Seitenflügel, woraus sich ein abgeschlossenes Eckzimmer ergab. Die Einflüsse aus der Metropole des Nordens (Hamburg) und der des Ostens (Berlin) sind ebenso deutlich wie die Unentschlossenheit, sich für das eine oder andere System zu ent-

Abb. 21
Beispielgrundriss Mietshaustypologie in Hamburg. Es handelt sich um die sogenannte Schlitzbauweise mit aneinandergereihten T-Typ-Mietshäusern

Abb. 22
Beispielgrundriss Mietshaustypologie in Düsseldorf. L-Typ-Mietshaus ohne Berliner Zimmer

Abb. 23
Beispielgrundriss Mietshaustypologie in Köln. L-Typ-Mietshaus ohne Berliner Zimmer

Abb. 24, 25
Beispielgrundriss Mietshaustypologie in Hannover. L-Typ mit Berliner Zimmer (li.) und T-Typ mit langen Korridoren und ohne Berliner Zimmer (re.) nach Hamburger Vorbild

Abb. 26
Beispielgrundriss Frankfurt am Main: der sogenannte Frankfurter Grundriss

Abb. 27
Beispielgrundriss Miets-
haustypologie in Karlsruhe,
L-Typologie mit Berliner
Zimmer

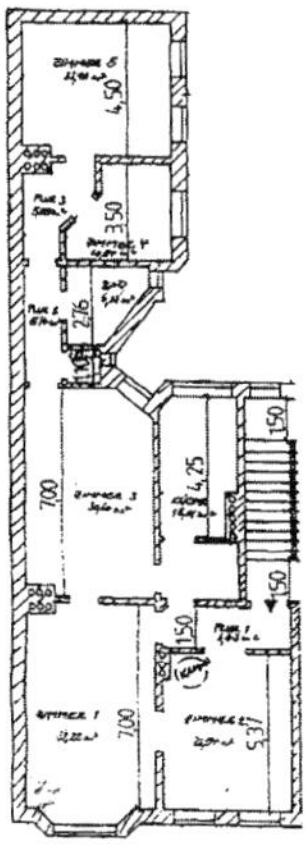

Abb. 28
Beispielgrundriss Miets-
haustypologie in Cottbus,
L-Typologie mit Berliner
Zimmer

Abb. 29
Beispielgrundriss
Mietshaustypologie in
Magdeburg. Der gesamte
Grundriss entspricht dem
Berliner L-Typ, inklusive dem
Berliner Zimmer

scheiden. So zeigt sich bei den Etagenhäusern in Hannover sowohl eine große Verbreitung der Hamburger T- als auch der Berliner L-Typologie.

Gänzlich anders verhielt es sich zum Beispiel in der einstigen freien Reichsstadt Frankfurt am Main. Dort findet man im Mietshausbau kaum Einflüsse preußischer Bautradition vor, ganz anders als in der benachbarten einstigen herzoglichen Residenzstadt Wiesbaden. In Frankfurt wurden so gut wie keine Mietshaustypen mit Seitenflügel gebaut. Stattdessen entwickelte sich dort der sogenannte Frankfurter Grundriss.[8] (**Abb. 26**) Dieser zeichnet sich durch die Doppelhausplanung von durchgängigen Vorderhäusern aus, die vermittels eines zentralen Treppenhauses erschlossen werden, mit Toiletten auf der Etage. Indes fehlte hier oft ein Badezimmer, sogar bis spät in die 1870er-Jahre hinein.[9]

Ab diesem Zeitpunkt gab es in Deutschland kaum noch eine Stadt, die nicht von der mehrstöckigen Mietshausbauweise Gebrauch machte, wenn auch nicht alle dem Berliner Vorbild der Vorder- und Hinterhausbebauung folgten.[10] Insbesondere in den größeren Städten Süddeutschlands existiert vorranglg eine Etagenhausbebauung ohne Seitenflügel, aber gleichfalls mit Hinterhäusern, zum Beispiel in München oder Stuttgart. Doch gibt es auch hier große Unterschiede, vergleicht man etwa die Etagenhaustypologien der großen Städte Württembergs – in der Regel einzeln stehende Mietshäuser mit Hinterhäusern – mit jenen der größeren Städte Badens. Hier stößt man häufig auf eine Blockstruktur, die jener in Berlin sehr ähnlich ist.[11] So ist in Baden auch die L-Typologie im Vergleich zu anderen Regionen Süddeutschlands öfter vertreten.[12] Vereinzelt existieren im Südwesten Deutschlands auch Berliner Zimmer, vor allem in der einstigen badischen Residenzstadt Karlsruhe, (**Abb. 27**) jedoch nicht im württembergischen Stuttgart oder Ulm, um nur einige Beispiele zu nennen.

Es bleibt festzustellen, dass der Gradient in Bezug auf die Häufung von Berliner Zimmern mit einem Anstieg in Richtung der namensgebenden Stadt verläuft. Schaut man nach Cottbus, stößt man exakt auf die gleiche Grundrissgestaltung wie in Berlin. (**Abb. 28**) Gleiches gilt, wie einleitend bereits angemerkt wurde, auch für Magdeburg. (**Abb. 29**) Ein Durchgangszimmer als Raumgelenk zwischen Vorderhaus und Seitenflügel zu schalten, war auch die übliche Lösung für große Mietwohnungen in Stettin. Da die Seitenflügel hier indes wesentlich schmalere Ausmaße besitzen als jene in Berlin, erscheint auch das Berliner Zimmer oftmals schlauchartig und schmal. Neben den ehemals preußischen Städten Polens existieren Berliner Zimmer aber auch in den skandinavischen Metropolen, vor allem in Kopenhagen. Hier entsprechen die Wohnungsgrundrisse interessanterweise in vielen Fällen exakt dem Berliner Mustergrundriss.[13]

Beispiele alternativer Ecklösungen des 19. Jahrhunderts

In anderen Städten Europas, die ebenfalls vorrangig Vorderhaus-Seitenflügel-Typologien aufweisen, beispielsweise in Paris, Budapest oder Wien, wurden bezüglich der inneren Wohnungserschließung andere Lösungen, ohne ein Eckdurchgangszimmer, bevorzugt. Freilich bestätigen hier Ausnahmen die Regel. Ähnlich wie in den rheinischen Städten Deutschlands befindet sich in Paris an der Stelle des Berliner Zimmers primär das Haupttreppenhaus, **(Abb. 30)** an dem vorbei innerhalb der Wohnung ein Korridor in den Seitenflügel führt.

In Budapest setzte sich im 19. Jahrhundert das sogenannte Pawlatschenhaus als Bautypologie durch. Abgesehen von den Eckhäusern bestehen Pawlatschenhäuser in der Regel aus einem Vorderhaus, zwei Seitenflügeln und einem Hinterhaus und fallen meistens in die Kategorie der O-Typologie. Horizontal erschlossen werden diese Häuser durch die den Innenhof umlaufenden Pawlatschengänge (Laubengänge), womit der für Treppenhäuser und innere Erschließungswege benötigte Raum minimiert wird. **(Abb. 31)** Da die Horizontalerschließung über die Pawlatschen erfolgt und die Treppenhäuser in der Regel in der Ecke zwischen Vorderhaus und Seitenflügel liegen, ergaben sich auch in Budapest nahezu keine Eckdurchgangszimmer.

Das typische Wiener Zinshaus wiederum ist so konzipiert, dass sich große Wohnungen lediglich im Vorderhaus befinden und am Gelenk zwischen diesem und dem Seitenflügel das Treppenhaus zur vertikalen Erschließung von Vorder- und Seitenhaus liegt. **(Abb. 32)** Bei den Wiener Groß-

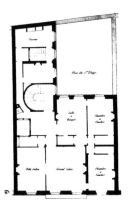

Abb. 30
Beispielgrundriss Mietshaustypologie in Paris. An der Stelle des Berliner Zimmers befindet sich hier in der Regel das Treppenhaus

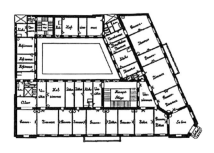

Abb. 31
Beispielgrundriss Mietshaustypologie in Budapest mit den typischen Pawlatschengängen

Abb. 32
Beispielgrundriss Mietshaustypologie in Wien. Typisches Wiener Zinshaus mit dem Treppenhaus als Bindeglied zwischen Vorder- und Seitenhaus

34

wohnungen handelt es sich zumeist um eine T-Typologie, welche, ähnlich der Hamburger Schlitzbauweise, durch lange Korridore erschlossen wird. Dieserart ergibt sich auch in der Wiener Etagenwohnung kein Eckdurchgangszimmer. Aufgrund der großen Bebauungstiefe ist es hier jedoch erforderlich, zusätzliches Tageslicht und Lüftungsmöglichkeiten durch vertikal verlaufende Lichtschächte in den Wohnraum zu holen.

Zusammenfassend kann konstatiert werden, dass es in vielen Städten Europas im Etagenwohnungsbau des 19. und beginnenden 20. Jahrhunderts üblich war, das Haupttreppenhaus in der Ecke zwischen Vorderhaus und Seitenflügel zu platzieren, anstatt eines Raumgelenks. Lange und dunkle Korridore, die in Berlin seit jeher einen schlechten Ruf hatten, wurden vielerorts eher in Kauf genommen als ein wenig belichtetes Eckdurchgangszimmer.

1   So befanden sich in der Verlagsstadt Berlin im 19. Jahrhundert namenhafte Verlage zur Publikation von Architektur wie Wasmuth, Ernst & Sohn, Ullstein, Bruno Cassirer und Sturm. Für eine tiefer gehende Auseinandersetzung mit der Thematik der Darstellung von Baukunst in Architekturzeitschriften um 1900 sei an dieser Stelle empfohlen: Froschauer 2009, S. 19.
2   Vgl. Hartog, 1962, S. 35 f.
3   Vgl. ebd.
4   Das sind: Ostpreußen, Westpreußen, Pommern, Posen, Schlesien, Brandenburg und die Provinz Sachsen.
5   Hartog 1962, S. 35.
6   Ebd., S. 116.
7   Vgl. ebd., S. 36.
8   Vgl. ebd., S. 42.
9   Vgl. ebd.
10 Vgl. ebd., S. 36.
11 Gegebenenfalls orientierte man sich im Großherzogtum Baden mehr an dem Städtebau der preußischen Residenzstadt Berlin, bedingt durch eine gegenüber dem preußischen Staate grundsätzlich offenere Haltung (siehe dazu auch Baur/Klausmann/Krause/Lutum-Lenger 2002, S. 99).
12 Ergebnis einer eignen Auswertung von Luftbildaufnahmen deutscher Großstädte in den Bundesländern Baden-Württemberg, Bayern, Rheinland-Pfalz und Saarland.
13 Im Rahmen der vorliegenden Arbeit konnte nicht mit Evidenz geklärt werden, ob es sich hierbei um eine zufällige Parallelentwicklung oder um eine gegenseitige Beeinflussung in der Wohnungsbauarchitektur handelt. Dies ist eine interessante Frage für eine anderweitige Untersuchung.

Szenografische Betrachtungen des Berliner Zimmers

Das Berliner Zimmer, an prominenter Stelle der Berliner Großwohnung gelegen, ist seit jeher mehr als eine gewöhnliche Wohnstube. In seiner Mehrfachcodierung ist es verbindender wie trennender Raum, Teil der Repräsentation und des alltäglichen Wohnens, Ort des Verweilens und des Transits. Dieses vielfältige Aufgabenspektrum räumlich zu erfüllen, erfordert eine topologische Szenografie der besonderen Art, auf die im Folgenden eingegangen werden soll.

Die Einbindung des Berliner Zimmers in die Wohnraumdisposition

Wege der Umgehung des Berliner Zimmers

Hermann Muthesius lässt keine guten Worte über das Berliner Zimmer im szenografischen Zusammenspiel des bürgerlichen Raumkanons verlauten. Es ist insbesondere das Unvermögen des Berliner Zimmers, die zwei Lebenskreise des Herrschens und Dienens deutlich voneinander zu trennen, das er kritisiert:

> „Der Weg [des Dienstboten] zur Haustür sollte außerhalb des Wohnteiles verlaufen. Es kommen aber viel größere Verstöße vor [als die Missachtung dessen]. Enthält doch der Berliner Miethausgrundriß ein Zimmer, das überhaupt als ständiger Durchgang von den rückwärtig gelegenen Wirtschafts- zu den vorderen Wohnräumen und zur Flurtür dient, nämlich das sogenannte Berliner Zimmer. Hier findet sich noch eine Anordnung fast vorsintflutlicher Art vor, die sich nur hat halten können, weil der Berliner Miethausbau geistig von ungeeinten Kräften verwaltet wird. [...] Der Umstand, daß im 18. Jahrhundert die Zimmer eines Schloßflügels meistens ohne Nebenflur aneinandergereiht waren, kann für solche Stümpereien nicht als Entschuldigung dienen. Hier zeigt sich eben wieder die verblendende Wirkung von gerade herrschenden Kunstmoden."[1]

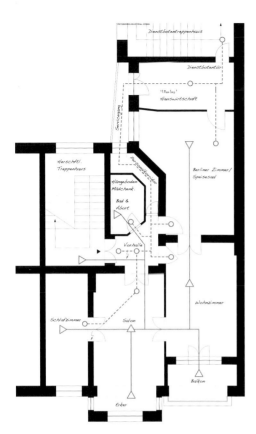

Die Wege der Herrschaften (durchgehende Linie) und des Personals (gestrichelte Linie): Hier zeigen sich die drei wesentlichen Strategien der Umgehung des Berliner Zimmers, wobei die Laubenganglösung die am häufigsten verbreitete darstellt.

Abb. 33
Kombination aus Service-gang als Laubengang und einem sich daran anschlie-ßenden Korridor durch die Mädchenkammer, der zum Entree führt. Über dem Badezimmer befindet sich das „Mädchengelass"

Abb. 34
Personalgang als Korridor, mit natürlicher Beleuch-tung und Belüftung, der vom Dienstbotenteil der Wohnung zu den vorderen Räumlichkeiten und dem Entree führt

Abb. 35
Ein langer Personalkorridor verläuft hier brandwand-seitig vom Dienstbotenteil bis in den repräsentativen Teil der Wohnung, vorbei am Berliner Zimmer

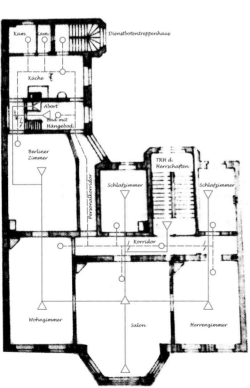

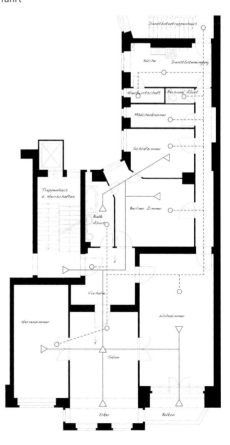

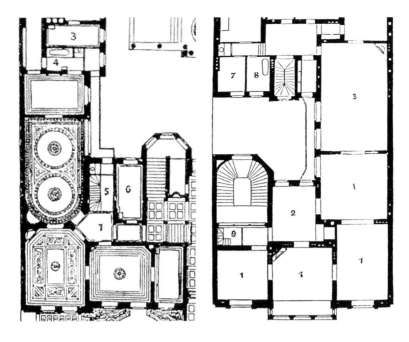

Abb. 36
Berliner Zimmer und
Personallaubengang in der
Bellevuestraße 8

Abb. 37
Berliner Zimmer und
Personallaubengang in der
Vossstraße 17

Freilich waren sich dieses Problems auch die vielen anonymen Baumeister jener Zeit bewusst. Zudem war gewiss, dass sich durch eine sinnvolle Lösung auch ein höherer Mietzins erzielen ließ. So wurden beachtenswerte Versuche angestellt, das Berliner Zimmer als repräsentatives Durchgangszimmer zu erhalten und zugleich den von Muthesius kritisierten räumlichen Konflikt mit dem Hauspersonal in den Griff zu bekommen. Erstaunlich sind diese Lösungen auch insofern, als sie nicht im Assmann'schen Musterbuch auftauchen. Demnach handelte es sich hier um Resultate des Entwurfstalents einzelner Baumeister. Bei der Betrachtung des Grundrisses einer besseren bürgerlichen Mietwohnung in Berlin-Schöneberg aus dem Jahre 1899 zeigt sich, dass es dem hiesigen Baumeister ein großes Anliegen war, das Hausmädchen am Berliner Zimmer vorbeizuleiten. **(Abb. 33)** Interessant ist, dass diese Idee erst im zweiten Anlauf über eine Tekturplanung Eingang in den Grundriss fand. Obwohl die Küche im Seitenflügel und die Mädchenkammer im Vorderhaus liegt, wurden die Räume anhand eines geschickten Schachzuges verbunden und im gleichen Zug wurde das Problem des Dienstbotenverkehrs im Berliner Zimmer gelöst. Vermittels eines außen liegenden Servicegangs, der an der Hoffassade, vor dem Fenster des Berliner Zimmers, als Laubengang auskragt, konnte sich das Dienstmädchen zum Öffnen der Wohnungstür von der Küche in die Diele begeben, ohne das Berliner Zimmer zu passieren. Dies war insbesondere dann von Bedeutung, wenn Besuch in der Wohnung war oder ein Salon gehalten wurde.[2] Aber auch im Alltag konnten die Herrschaften in den repräsentativen Vorderräumen bedient werden, ohne dass das Berliner Zimmer durchschritten werden musste. Das Dienstmädchen konnte, entweder direkt von der Küche oder von der Mädchenkammer aus, weiter über die Diele, die als zentraler Verteiler fungiert, zu dem vorne liegenden Erker- und Balkonzimmer oder, vermittels der einflügeligen Seitentür, auch in das Berliner Zimmer gelangen.

Ganz ähnlich verhält es sich bei den Wohnungen in einem Mietshaus am Klausener Platz in Berlin-Charlottenburg aus dem Jahre 1874. **(Abb. 34)**

38

Diese wurden ebenfalls derart geplant, dass das Berliner Zimmer vom Personal über einen hofseitigen Gang umlaufen werden konnte. Dass hier nicht ein externer Laubengang vor die Fassade gesetzt wurde, sondern der Personalgang vom Seitenflügel zur Diele intern vor der Längsseite des Berliner Zimmers positioniert wurde, stellt eine Besonderheit dar. Da die natürliche Belichtung nur über eine Lichtbrücke erfolgt, bekommt das ohnehin spärlich beleuchtete Berliner Zimmer hier kaum noch Tageslicht.

In einer Wohnung in der Schwäbischen Straße im Bayerischen Viertel in Berlin-Schöneberg wurde eigens brandwandseitig ein Dienstbotenkorridor neben das Berliner Zimmer gelegt, damit das Personal dieses nicht zu durchlaufen brauchte, wenn es sich zu den Vorderräumen begab. **(Abb. 35)** Die Herrschaften konnten indessen durch das Berliner Zimmer in die Schlafstube gelangen, ohne den Dienstbotenkorridor durchschreiten zu müssen. So blieb das Berliner Zimmer hier trotz des anliegenden Korridors ein Durchgangszimmer und zugleich wurden der Dienstboten- und der Wohntrakt geschickt entflochten.

In den gehobenen und herrschaftlichen Mietwohnungen hat sich vor allem die eingangs beschriebene Laubenganglösung durchgesetzt, um das Problem der Lebenskreisdurchdringung im Berliner Zimmer zu vermeiden. **(Abb. 36, 37)**

Das Berliner Zimmer in den Bewegungsabläufen gesellschaftlicher Zusammenkünfte

Gesellschaftliche Veranstaltungen in Wohnungen gehörten im Berlin des 19. Jahrhunderts im Kreis von Aristokratie und gehobenem Bürgertum zum guten Ton und waren fester Bestandteil im Kanon des gesellschaftlichen Aufstiegs.[3] Den Gesellschaften lagen feste Bewegungsabläufe zugrunde, weshalb sich mit der Zeit eine regelrechte Choreografie durch die szenografische Disposition der Repräsentationsräume innerhalb der Berliner Etagenwohnung herausbildete. Dafür bedurfte es, gewissermaßen als rahmendes und zugleich vertrautes Bühnenbild, einer standardisierten Innenraumabfolge, von der das Berliner Zimmer ein fester und signifikanter Bestandteil war.[4]

> „Für die Gruppe der besseren Wohnungen mit fünf und mehr Zimmern ist die hier zu erwartende anspruchsvolle Lebensweise schon erwähnt worden. Wesentlicher Bestandteil war das ‚Berliner Zimmer‘, weil es sowohl der Repräsentation als auch dem Familienleben diente. Form und Art der Einrichtung richtete sich nach den Vorstellungen der einzelnen Bewohner."[5]

Den vorne liegenden Salons, im Balkon- und Erkerzimmer, schließt sich das Berliner Zimmer rückseitig an. So existierte aufgrund der zentralen Lage und der Möglichkeit der Zuschaltung weiterer Räumlichkeiten, anhand von Flügel- und Schiebetüren, innerhalb der Wohnung „ein regelrechtes Wegesystem im gesellschaftlichen Privatverkehr".[6] Bei einer Gesellschaft konnten die gesamten Repräsentationsräume der Wohnung zusammengeschaltet werden, wobei das Berliner Zimmer die *Agora* bildete.

> „Die Zersplitterung der Gesellschaft zeichnete sich im bürgerlichen Wohnhaus in der Raumdisposition ab. Mit der entsprechenden Ausweitung des Stadtgebietes fand im Gegenzug die Bewegung nun nicht mehr von Haus zu Haus, sondern unter den genannten Optionen – innerhalb der Wohnung – von Salon zu Salon statt; so bewegte sich die Gesellschaft vom Salon ins Speisezimmer [i. d. R. das Berliner Zimmer], von dort in den Damensalon oder ins Herrenzimmer."[7]

Für gesellschaftliche Anlässe war es essenziell, einen zentralen Raum als Sammelplatz zur Verfügung zu haben, von dem aus sich die Gesellschaft dann in die Wohnung zerstreuen konnte.

Seine Rolle als „planetarischer Mittelpunkt"[8] der Wohnung, dem die jeweiligen Anliegerräume zugeschaltet werden können, erfüllt das Berliner Zimmer bei gesellschaftlichen Zusammenkünften auch heute noch. Von hier aus schreiten die Gäste nach einem gemeinsamen Essen oder während einer Feier für gewöhnlich in die weiteren Räume der Wohnung. Und es ist auch das Berliner Zimmer, in dem die versammelte Menge zu fortgeschrittener Stunde die Tanzfläche eröffnet. Da das Berliner Zimmer von den meisten Bewohnern als weder ganz privater noch ganz öffentlicher Raum empfunden wird,[9] ist es innerhalb der Berliner Altbauwohnung nach wie vor der prädestinierte Ort für gesellschaftliche Zusammenkünfte.

Ein Konflikt bezüglich des Aufeinandertreffens von Bewohnerschaft und Dienstpersonal existiert heutzutage freilich nicht mehr in den (meisten) Berliner Zimmern. Ohnehin können sämtliche Dienstleistungen mittlerweile aus dem weltweiten Netz abgerufen werden. Gleichwohl bildet das Berliner Zimmer nach wie vor einen Kreuzungspunkt verschiedener Personenkreise, beispielsweise wenn Teile der Wohnung untervermietet werden oder bei Wohngemeinschaften. Für die Nutzer stellt es eine Herausforderung dar, es zu bewohnen. Insbesondere die Einrichtung bereitet häufig Probleme, bedarf es doch regelmäßig mehrerer offener Schneisen, damit das Zimmer problemlos durchschritten werden kann. Es ist gewiss auch der Raum im Berliner Altbau, in dem die Möbel am häufigsten umgestellt werden, bis eine zufriedenstellende Lösung gefunden wird.[10]

Das Berliner Zimmer in einer Baubeschreibung von 1901

Bei der vorliegenden Baubeschreibung vom 20. Juni 1901 handelt es sich um die Vertragsgrundlage für den Bau des Mietshauses Skalitzer Straße 99. Dieses Haus wurde ohne die Mitwirkung eines Architekten geplant und gebaut. Das Haus ist besonders gut dokumentiert, da es dem seltenen Umstand Rechnung trägt, nach Fertigstellung und Einzug der ersten Bewohner sowohl von außen als auch von innen nahezu vollständig fotografisch festgehalten worden zu sein. **(Abb. 38, 39)** Verantwortlich für die Bauausführung war der Maurer- und Zimmermeister Johannes Strache, der im Auftrag des Bauherrn Emil Matthei, eines Holzhändlers, seine Arbeit verrichtete.[11]

Im Folgenden sind die Abschnitte wiedergegeben, die das Berliner Zimmer betreffen. Der Abdruck dieser Beschreibung soll dazu dienen, eine Idee von der Stofflichkeit eines Berliner Zimmers um 1900 zu bekommen:

„2. Maurerarbeiten:

[...] Die Decken sämtlicher Zimmer im Vorderhause, die der *Berliner Zimmer* sowie die Wände und Decken der Vordertreppe, auch des Haupteingangs, sind zu filzen [...]. Die Balkendecke über dem Berliner und Herrenzimmern sind so zu construieren, daß die Decken glatt bleiben und Constructionsträger nicht sichtbar sind. Die Berliner Zimmer erhalten einen genügend starken Träger in der Decke, in welchen die Balken, von der Mittelwand ausgehend, hineingelegt werden, so daß sie auf dem Flansch ruhen; [...].

3. Zimmerarbeiten:

Die Erkerzimmer im I. und II. Stock erhalten eichenen Parkettfußboden mit Sternmuster und Friesen, die Loggiazimmer im I. und II. Stock Stabfußboden; das *Berliner und Herrenzimmer* der großen Wohnungen im I. und II. Stock sowie ein Vorderzimmer der kleinen Wohnungen im I., II. u. III. Stock erhalten mit Ausnahme des Herrenzimmers im III. Stock eichenen, 2,6 cm starken Stabboden, [...]. Kiefernen Riemenboden erhalten im I., II. u. III. Stock je ein Vorderzimmer der kleinen Wohnungen und beide Vorderzimmer im IV. Stock, außerdem das Herrenzimmer im III. u. IV. Stock und das *Berliner Zimmer* im IV. Stock, alle übrigen Zimmer, [...] gewöhnlichen kiefernen Fußboden. [...].

10. Töpferarbeiten:

Große Wohnungen im I. und II. Stock: Die Erker und Loggia- sowie Berliner Zimmer erhalten geschmackvolle moderne Majolika-Öfen mit Kamineinsatz und durchbrochenen, vernickelten oder messingnen Türen nach Muster oder specieller Auswahl des Bauherrn, die Hinterzimmer Viereköfen. Im III. Stock: das Erker-, Loggia- und *Berliner Zimmer* erhalten weiße oder farbige Mittelsimsöfen mit Kamineinsatz und Metalltüren in modernen und geschmackvollen Formen, das Hinterzimmer Viereckofen mit Röhre [...]. Im IV. Stock: Das Erker-, Loggia- und *Berliner Zimmer* erhalten weiße Fünfeköfen mit Sockelmedaillon und Aufsatz, eins dieser drei Zimmer einen Mittelsimsofen. [...].

12. Tischlerarbeiten:

Die Türen in den Scheidewänden zwischen den Zimmern im Vorderhause und teils in der Mittelwand sind durch alle Etagen durch Flügeltüren mit aufgelegten Kehlstößen, die Türen in der Mittelwand
zwischen der Loggia und Berliner Zimmer des I. und II. Stocks sind
dreiteilig mit mittlerem Seitenflügel, mit Friessprossenteilung und
bunter Verglasung in moderner, geschmackvoller Weise nach vor-
zulegender Zeichnung herzustellen; die Türen vom Corridor (Vorderhaus) zum *Berliner Zimmer* sind im I. und II. Stock zweiflügelige. [...].

15. Malerarbeiten:

Die Decken im Vorderhause einschließlich *Berliner Zimmer* erhalten
gemalten Hauptfries, bei Stuckeinteilung, mit Ornamentzeichnun-
gen bemalt, Deckenmalerei und in den Berliner Zimmern werden die
Stuckteile eichenholzartig gestrichen, die Decken in Leimfarbe mit
Einteilung eichenholzartig oder nach besonderem Wunsch gemalt.
[...]. Die Türen werden sämtlich grundiert, in Ölfarbe eichenholzartig
bemalt und lackiert, diejenigen der Vorder- und Berliner Zimmer werden zimmerseitig im Tapetenton gestrichen, die Vertiefungen farbig
angelegt, in den großen Wohnungen im I. und II. Stock außerdem mit
Bronzelinien oder kleinen Ornamenten verziert und mit Wachslack
überzogen.

16. Tapezierarbeiten:

Die Tapeten der Vorderzimmer und *Berliner Zimmer* der großen Wohnungen im I. und II. Stock sind im Werte bis zu 2 Mark pro Rolle, außerdem Uni und Eckstücke sowie Borden nach Auswahl des Bauherren
zu verwenden. [...]. Alle anderen Vorderzimmer und Berliner Zimmer
erhalten Tapeten bis zu 1 Mark die Rolle, [...] Uni und Borden."[12]

1   Muthesius 1919, S. 116.
2   Siehe dazu auch Siebel 1999.
3   Vgl. ebd.
4   Vgl. ebd., S. 103.
5   Monke 1968, S. 80.
6   Siebel 1999, S. 89.
7   Ebd., S. 92.
8   Siehe dazu Siebel 1999, S. 92.
9   90 Prozent der befragten Bewohner dieser Studie
    gaben an, dass sie das Berliner Zimmer als einen
    Ort in der Wohnung empfinden, der sowohl öffent-
    liche als auch private Funktionen übernimmt.
10 Nichtrepräsentatives Ergebnis der vorliegenden
    Studie.
11 Siehe dazu Geist/Kürvers 1989.
12 Die gesamte Baubeschreibung ist zu finden in
    ebd., S. 57–65.

Auf der Suche nach der Entität eines obskuren Raumes

Das Berliner Zimmer ist ein Amalgam verschiedener Eigenschaften und Nutzungsaspekte. Es ist sowohl ein Ort der Gesellschaft im sozialen Beziehungsgeflecht als auch ein Speicher und Teil der horizontalen Zirkulation. Die Entität dieses Raumes zu erfassen, ist ein epistemologisches Vorhaben, das nur durch die nähere Betrachtung der einzelnen Wesenseigenschaften zu bewältigen ist. Gleichwohl ist zu bedenken, dass es sich hierbei immer nur um eine subjektive Deutung handeln kann, denn ein bewohnter Raum ist „in Wirklichkeit viel kleiner oder größer als die Quadratmeterfläche; es ist die Welt der Vorstellung im Kopf".[1]

Vergesellschaftung

Ein Wesenszug des Berliner Zimmers ist, dass es der Vergesellschaftung dient. Insbesondere in Wohngemeinschaften lässt sich dies gut beobachten. Joachim Krausse beschreibt diese Eigenart trefflich in seinen Erinnerungen zur Wohngemeinschaft und dem Berliner Zimmer:

> „Die Originalgeschichte der Wohngemeinschaft beginnt mit einem Mißverhältnis. Das Mißverhältnis besteht zwischen riesigen Wohnungen mit ihren untereinander durch Flügeltüren verbundenen Zimmern und den isolierten Einzelmietern, die sich zunächst nichts anderes vorstellen können, als jeweils den Einzelhaushalt des Zimmerbewohners in dem jeweiligen Zimmer zu etablieren und die Verbindungstüren so gut es geht mit Matratzen und Dämmplatten gegen den Nachbarn abzudichten. Nach einer Weile konnten sie sich komisch vorkommen, im ‚Berliner Zimmer', dem Durchgangsraum für alle, im Bademantel oder mit Kochtöpfen und Geschirr aneinander vorbei zu marschieren. War dem alten Untermieter so ziemlich alles verboten, so war dem neuen so ziemlich alles erlaubt. Es dauerte zwei, drei Jahre, bis aus der tristen Notlösung des ‚Berliner Zimmers', das den neuralgischen Punkt des Berliner Mietshauses markiert, wo das Vorderhaus in den schmalen Seitenflügel mit Küche, Klo und Kammer übergeht, der Keim für eine neue Lebensweise entstand."[2]

Es ist der Gemeinschaftsaspekt des Berliner Zimmers, der wiederum im Jahre 1969 Eingang in Oswald Mathias Ungers' (1926–2007) Wohnbauprojekt MV W3a im Märkischen Viertel fand, das durch den strukturalistischen Diskurs beeinflusst ist.[3] Der an die Berliner L-Typologie mit seiner Trennung von Wohn- und Schlaftrakt angelehnte Grundriss weist im Zent-

rum der Wohnung eine Reinterpretation des Berliner Zimmers auf; **(Abb. 40)**
und wie auf Abruf ertönt in diesem Zusammenhang auch wieder die
althergebrachte Kritik: „[D]as Wohnzimmer als Berliner Durchgangszimmer ist nicht nach jedermanns Geschmack".[4] Ungers wollte hier jedoch
den „Versuch" unternehmen, innerhalb des regulatorischen Korsetts des
sozialen Wohnungsbaus „Raum zu schaffen; [...] also den Wohnraum, als
‚halböffentlichen Familienraum', in dem wie auf einer Piazzetta das Leben
stattfindet, und [den] Einzelraum, [den] Schlafraum des Einzelnen, [als] individuelle[r] Rückzug[sort]".[5] Ebenso, wie das Berliner Zimmer die *Agora*
innerhalb der gründerzeitlichen Altbauwohnung ist, auf der das gemein-
schaftliche Treiben und Wandeln stattfindet, soll bei Ungers der zentrale und als Durchgangszimmer konzipierte
Wohnraum „einen Platz bilden".[6] So zeichnet sich hier
eine Linie ab: vom gründerzeitlichen Berliner Zimmer
hin zu den nutzungsoffenen Gemeinschaftsräumen der
strukturalistischen Architektur.

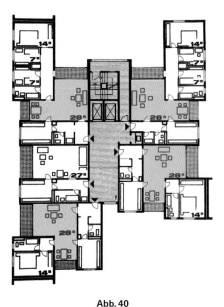

Unterbewusstsein

Das Berliner Zimmer ist oftmals auch ein räumlicher
Speicher für längst vergessene Gegenstände und die
an ihnen haftenden Erinnerungen. Insofern ist es ein Ort
des Unterbewusstseins und eine Traumwelt:

> „[Ein] trüber Raum, eine Kältezone. Phantasieverlas-
> sene Gegenstände dämmerten da vor sich hin: Ein
> Ausziehtisch, eine Sitzecke, ein Büfett aus den drei-
> ßiger Jahren, ein Regal mit Westermanns Monatsheften und ein Wä-
> scheständer. [...] Später erfuhr ich, daß jene unmöblierbare Kältezone
> Berliner Zimmer hieß."[7]

Die Leere dieses Raumes, der sich wie kein anderer der Wohnung wegen
seines Dämmerlichts als „magischer Raum für den Zweck des Träumens"[8]
eignet, füllt sich über die Zeit oftmals mit Dingen und Ideen, die in anderen
Räumen der Wohnung keinen Platz mehr haben. Nicht ohne Grund ist es
zugleich die geräumige Leere des Berliner Zimmers, die in den politisch
aktiven Wohngemeinschaften der 1960er-Jahre zum Erdenken utopischer
Modelle beitrug; denn „soziale Phantasie und politische Träume brauchen
den leeren Raum".[9] Kein anderer bot sich für diese Träumereien besser
an als „der unausgefüllte Raum der Phantasie gleich nebenan, im Berliner
Zimmer".[10] In diesem Speicher fanden die Vergangenheit sowie die er-
dachte Zukunft ihren Platz. Hier erwuchs das Ich-Museum, wodurch, im
Sinne Bachelards, das Berliner Zimmer anfing, als bewohnter Raum den
geometrischen zu transzendieren.[11]
   Auch Walter Benjamin (1892–1940) beschreibt ein metaphysisches
Erlebnis der räumlichen Transzendierung des Berliner Zimmers in seiner *Berliner Kindheit*.[12] Unter der Überschrift „Schülerbibliothek" schil-
dert Benjamin den Umstand, bei der Lektüreausgabe in der Mittelstufe
trotz aller Gegenbestrebungen stets Bücher „aus vaterländischer Vergan-

Abb. 40
Grundriss MV W3a im Mär-
kischen Viertel. Hier zeigen
sich die von Oswalt Mathias
Ungers reinterpretierten
Berliner Zimmer als soziale
Gemeinschaftsräume der
Familie und als polyvalente
Raumgelenke

genheit"[13] bekommen zu haben, in denen er über Vasallen, Handwerksburschen und Söldner eines welschen Königs lesen konnte.[14] Diese ferne Welt war es auch, welche vorrangig Einzug in die Wohnungen des deutschen Bürgertums jener Zeit hielt:

> „Je weniger wir Kaufmannssöhne und Geheimratskinder uns unter all dem [mittelalterlichen] Knechts- und Herrenvolke etwas denken konnten, desto besser ging diese festgeschiente, hochgesinnte Welt in unsere Wohnung ein. [...] Kachelöfen, [und] Humpen wie sie die Runde an der Tafel Tillys machten, standen auf der Konsole unserer Kachelöfen [...]."[15]

Es war das Buch mit dem Titel *Aus eigener Kraft*, das in Walter Benjamin eine regelrechte Phantasmagorie hervorrief, die er aus dem düsteren Berliner Zimmer heraus beobachtete. Die kindliche Fantasie verschmolz mit diesem zwielichtigen Raum und seinem dunklen Abzweig in den noch tieferen Teil der Wohnung, der das „Unterbewusste" (Bachelard) versinnbildlicht. Es ist ein Öldruck in jenem Buch, den Benjamin „mit nie vermindertem Entsetzen aufschlug".[16] Die Abbildung zeigt eine „Frau im weißen Nachtgewande [...], die mit offenen Augen doch wie schlafend und sich mit einem Kandelaber leuchtend durch eine Galerie hinwandelte".[17] Dieses Bild setzte sich in Benjamins Kopf fest und erschien ihm dann wieder beim Durchschreiten des Berliner Zimmers:

> „Längst stand das Buch – es hieß ‚Aus eigener Kraft' – wieder im Klassenschrank der Sexta als der Flur, der vom Berliner Zimmer in die hinteren führte, noch immer jene lange Galerie war, durch die die Schloßfrau nachtlich wandelte."[18]

Anhand Benjamins Standort exemplifiziert sich hier der Geisteszustand jenes kleinen Jungen. Denn nicht nur psychisch befindet er sich bei dem Erscheinen der „Schloßfrau" in einem träumenden, zwischenweltlichen Dämmerzustand, sondern auch physisch: Ist doch die Tribüne des gruseligen Schauspiels der schummerige Transitraum des Berliner Zimmers. Benjamin verwendet es hier als Allegorie für den Ort des Übergangs in die kindliche Traumwelt, dessen Topos dann wiederum der vom Berliner Zimmer abgehende dunkle freudianische Korridor mit den intimen und elterlichen Schlafräumen ist – hier haust das Unheimliche.

Zirkulation

Aufgrund der Verortung des Berliner Zimmers am Übergang vom teilöffentlichen zum privaten Bereich der Wohnung ist das Thema der Zirkulation ein wesentliches. Die großbürgerliche Wohnung als „geschrumpfter Palast"[19] unterlag bezüglich der Zirkulation stets dem „Dilemma zwischen der Grossartigkeit und der Effizienz der räumlichen Anlage".[20] Das bürgerliche Epigonentum in Bezug auf aristokratische Wohnvorstellungen führte im Zusammenhang mit der Lebenskreistrennung der verschiedenen Personengruppen, die eine Großwohnung im 19. Jahrhundert bewohnten, zu erheblichen Konflikten. Mit Fortschreiten der Zeit kam es zu einer immer größeren Ausdifferenzierung der Räumlichkeiten der verschiedenen Bewohnergruppen (Herrschaften, Kinder, Kindermädchen, Dienstmädchen, Folgemädchen, Diener etc.).[21] Einzig das Berliner Zimmer, als Ort der größten Zirkulation innerhalb der Wohnung, blieb weitestgehend indeterminiert und entspricht damit auch den Vorstellungen Assmanns über die Anordnung und Bemessung der Wohnräume:

> „Für die Diposition der Wohnräume bleibt nur wenig zu besprechen. Die schon früher angedeutete, immer wechselnde Weise der Benutzung und das mit jedem einziehenden Miether sich ändernde Bedürfniß gestatten nicht, Anordnungen zu treffen, die besonderen Verhältnissen entsprechen. Die Aufgabe scheint vielmehr gelöst, wenn Wohnungen, bei einer angemessenen Größe der Zimmer, eine möglichst mannigfache und ungestörte Benutzung derselben gestatten.“[22]

Kinder mögen diesen Raum besonders, wie in den Interviews zu der vorliegenden Untersuchung festgestellt wurde, da hier in der Regel das meiste Leben stattfindet. Doch auch die vielen direkten Verbindungen zu den anderen Teilen der Wohnung sind für die Kinder ein großes Angebot, spielerisch in die Wohnung auszuschwärmen und wieder zurückzukommen.

1   Selle 1996, S. 12.
2   Krausse 1986, S. 239 f.
3   Vgl. Herres 2013, S. 111.
4   Ullmann 1977, S. 38.
5   „Jeder Platz, der gebaut wird, braucht Zeit, um ein Ort zu werden." Ein Gespräch mit Oswald Mathias Ungers, in: Jacob/Schäche/Bodenschatz 2004, S. 176–191, hier: S. 180.
6   Ebd.
7   Hartung 1997, S. 10.
8   Bachelard 1975, S. 78.
9   Hartung 1997, S. 14.
10 Ebd.
11 Vgl. Bachelard 1975, S. 78.
12 Benjamin 2012.
13 Ebd., S. 99.
14 Vgl. ebd.
15 Ebd., S. 99 f.
16 Ebd., S. 100.
17 Ebd.
18 Ebd.
19 Ronner/Kölliker/Rysler 1994, S. 9.
20 Ebd.
21 Siehe dazu Häußermann/Siebel 1996.
22 Assmann 1862, S. 10.

Das Berliner Zimmer
reloaded

Internationale Bauausstellung Berlin 1987

Kritische Rekonstruktion und behutsame Stadterneuerung – dies waren die Schwerpunktthemen der Internationalen Bauausstellung 1987 (IBA 87) in Berlin. Als Reaktion auf die Kahlschlagsanierungen in den 1950er- bis 1970er-Jahren war man nunmehr bemüht, den Fokus wieder auf eine kontextualisierte Architektur der europäischen Stadt sowie ökologisches und familiengerechtes Bauen zu richten.[1]

In diesem Zusammenhang entstanden auch drei Mietshausprojekte, die kriegsbedingte Baulücken schlossen und sich dabei an den Typus des Berliner Mietshauses aus dem 19. Jahrhundert anlehnen und diesen neu interpretieren. Das Wohnhaus in der Dessauer Straße 30–31 von der Architektengemeinschaft Effenberger, Lehman-Milunovic und Servais spielt am direktesten mit dem Grundriss des gründerzeitlichen Berliner Mietshauses.[2] In der Mitte befindet sich eine Hofdurchfahrt, links und rechts davon jeweils ein Treppenhaus. Das Haus hat zwei Seitenflügel und entspricht somit der klassischen Berliner U-Typologie. Am Scheitelpunkt zwischen Vorder- und Seitenhaus entschieden sich die Architekten dazu, ein typisches Berliner Zimmer als Durchgangszimmer zu implantieren. **(Abb. 41)** Daran schließt sich der im Berliner Altbau obligatorische Korridor in den Seitenflügel an. Hier haben wir ein gutes Beispiel dafür, wie im Rahmen der IBA im Jahre 1986 der Berliner Grundriss als Typus wieder Eingang in den Wohnungsbau fand, inklusive Berliner Zimmer.

Ähnlich, jedoch in der äußeren Erscheinung etwas unkonventioneller verhält es sich bei dem Wohn- und Geschäftshaus in der Kochstraße 7a/12–14 von der Architektengemeinschaft Grötzebach, Plessow, Ehlers und Krop. Dieses überspannt eine mehrere Flurstücke umfassende Baulücke. Die Idee zu dieser „Stadtreparatur" geht auf den städtebaulichen Wettbewerb „Wohnen und Arbeiten in der südlichen Friedrichstadt" (1980–1981) zurück.[3] Die Mietshäuser, die direkt an die Brandwände des Bestands anschließen, orientieren sich an diesem in Bezug auf die Höhe, die Breite und die städtebauliche Morphologie. Entlang der Brandwände wurden jeweils Seitenflügel entsprechend der L-Typologie ausgebildet. Die Wohnungen des Mietshauses, das östlich an den Bestand anschließt, weisen wie in dem vorherigen Beispiel Berliner Zimmer mit einem anschließenden Korridor auf, von dem einzelne Zimmer abgehen. Das westlich an den

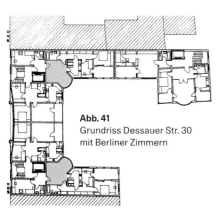

Abb. 41
Grundriss Dessauer Str. 30
mit Berliner Zimmern

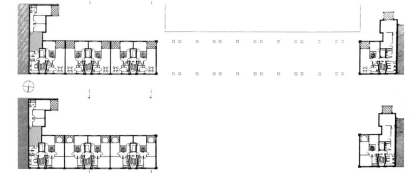

Abb. 42
Grundriss Kochstraße 12–14.
L-Typ mit Berliner Zimmern
als Durchgangszimmer
und Berliner Zimmern, die
mittels Korridor umgangen
werden

Bestand anschließende Mietshaus enthält Wohnungen mit einem Berliner Eckzimmer, das kein Durchgangszimmer ist, da der Korridor bis zum Vorderzimmer durchgezogen wurde. **(Abb. 42)** Beide Beispiele entsprechen bezüglich der Grundrisslösungen am Übergang vom Vorderhaus zum Seitenflügel den althergebrachten Mustervorlagen für Berliner Mietshäuser aus dem 19. Jahrhundert, wie sie beispielsweise bei Assmann[4] aufgezeigt werden.

Das letzte Beispiel, das Eckwohnhaus Kochstraße 59 / Charlottenstraße 83, welches in Kooperation der Architekturbüros Kammerer+Belz und Kucher+Partner entstand, befindet sich auf einem komplett von Brandwänden eingefassten Eckgrundstück. Vermittels des Rückgriffs auf die O-Typologie gelang hier ein im Sinne der kritischen Rekonstruktion städtebaulich sinnvoller Lückenschluss, der eine große Vielfalt an verschiedenen Wohnungstypen hervorbringt. Hierdurch wird auch die soziale Durchmischung befördert.[5] Drei von vier Treppenhäusern wurden jeweils in den Gebäudeecken positioniert. Nur die brandwandseitig gelegenen Vorderhauswohnungen zur Charlottenstraße werden durch ein mittig im Seitenflügel gelegenes Treppenhaus rückseitig erschlossen. Am Übergang der Wohnungen vom Vorderhaus in den Seitenflügel sind auch hier wieder Berliner Zimmer angeordnet worden. **(Abb. 43)** Eine geschwungene Glaswand trennt diese vom Vorderzimmer, wodurch zusätzliches Tageslicht in diesen Raum gelangt. Im Übrigen zeigt sich hier der klassische Dreiklang des Berliner Zimmers: Der Raum ist (erstens) ein Durchgangszimmer, er hat (zweitens) drei Türen und (drittens) lediglich ein großes Fenster zum Hof.

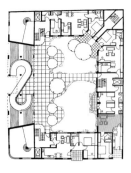

Abb. 43
Grundriss Koch-/Charlottenstr. mit Berliner Zimmern

Anhand der vorher benannten Beispiele zeigt sich, wie durch die Anwendung lokalspezifischer und althergebrachter Lösungen innerhalb der Berliner Blockstruktur Etagenhäuser entstehen können, die zum einen vielfältige Wohnungstypen in sich tragen und zum anderen das zur Verfügung stehende Baufeld effizient auszunutzen. Die Besetzung der Schnittstelle zwischen Vorderhaus und Seitenflügel mit einem nutzungsoffenen Raumgelenk ermöglicht es wiederum, einen zentralen Gemeinschaftsraum innerhalb der ansonsten doch sehr ausdifferenzierten Grundrisse entstehen zu lassen.

Die Berlinspezifik im Wohnungs-neubau der 2010er-Jahre

Berlin wächst und somit auch die Nachfrage nach Wohnraum.[6] Nach wie vor ist Berlin eine Mieterstadt,[7] doch die Bautätigkeiten florieren insbesondere im Eigentumswohnungsbau. Den Erwerbern dieser Wohnungen scheint es nicht nur darum zu gehen, in der Metropole Berlin zu leben, sondern auch eine Wohnung zu erwerben, deren Grundriss die Handschrift dieser Stadt trägt. Die großen Berliner Altbauwohnungen mit dem einzigartigen Berliner Zimmer sind weithin bekannt und beliebt. Hier zeichnet sich, auch in Ermangelung an freien Bestandsaltbauwohnungen, zunehmend eine Vermarktungsstrategie ab, die darauf abzielt, die gründerzeitlichen Berliner Grundrisse auch in Neubauvorhaben zu reproduzieren. Dass durch den Rückgriff auf die Berliner Blocktypologien, samt Seitenflügel- und Hinterhauswohnungen, wie seit jeher auch eine effiziente und renditeträchtige Ausnutzung des Baulands gewährleistet wird, spielt gewiss ebenfalls eine nicht unwesentliche Rolle. So erlebt das Berliner Zimmer in zunehmendem Maße eine Renaissance im hochpreisigen zeitgenössischen Etagenwohnungsbau, wie anhand der folgenden Beispiele aufgezeigt wird:

Abb. 44
Grundriss Eisenzahnstraße 1 mit „klassischem" Berliner Zimmer: Durchgangsraum, drei Türen und ein Fenster zum Hof. Vor das Hoffenster ist eine Loggia gesetzt

Beim Projekt „Eisenzahn 1"[8] in Berlin-Charlottenburg des Projektentwicklungsbüros Ralf Schmitz ist, abgesehen von der gründerzeitlichen Wohnszenografie und der damit verbundenen Choreografie des Durchschreitens dieser Wohnung mit Seitenflügel (vom Entree zur Vorhalle zum Salon), auch wieder ein Berliner Zimmer realisiert worden. Am Scheitelpunkt des L-förmigen Grundrisses gelegten, ist es das übliche Eckdurchgangszimmer mit drei Türen und dem einen großen Fenster zum Hinterhof. **(Abb. 44)** Im Grundriss des Exposés ist das Berliner Zimmer als Arbeitszimmer deklariert.

Im Falle von „Phalsbourg"[9] in Berlin-Wilmersdorf und dem „Stadthaus Hugo"[10] in Berlin-Charlottenburg, beide von der Primus Immobilen AG, handelt es sich ebenfalls um Neubauten mit Berliner Zimmer:

Beim Projekt „Phalsbourg", das der U-Typologie entspricht, wurde in der Parterrewohneinheit ein Berliner Zimmer umgesetzt. **(Abb. 45)** Es ist hier der erste Wohnraum, in den man nach Verlassen der Diele eintritt. Funktional ist er als Wohnküche vorgesehen, wodurch zum einen ein zusätzlicher abgeschlossener Raum für die Küche eingespart wird und zum anderen dem Umstand Rechnung getragen wird, dass es viele Bewohner heutzutage als Vorteil ansehen, im Berliner Zimmer auch die Küche zu positionieren.[11] Hierdurch wird dieser Raum endgültig zum kommunikativen Zentrum der Wohnung.

Das Projekt „Stadthaus Hugo", das der L-Typologie entspricht, verfügt gleich über mehrere Berliner Zimmer, jedoch mit der Besonderheit, dass dieser Raum in Ergänzung zu dem obligatorischen großen Fenster in der Seitenwand des Seitenflügels ein zusätzliches an der Rückwand des

Abb. 45
Grundriss „Phalsbourg". Parterre mit Berliner Zimmer

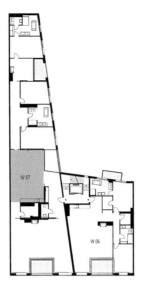

Abb. 46
Regelgrundriss „Stadthaus Hugo" mit Berliner Zimmer

Abb. 47
Grundriss „Berlin Lake Suites", 1. Etage: eine Neuinterpretation des Berliner Grundrisses

Abb. 48
Grundriss Alte Schönhauser Straße 42 mit einer Reinterpretation des Berliner Zimmers

Vorderhauses besitzt. (**Abb. 46**) Dadurch wird dieses Berliner Zimmer verhältnismäßig gut belichtet. In seiner Funktion ist es zum einen ein offener Durchgangsraum und zum anderen ebenfalls eine Wohnküche. Es besitzt die üblichen drei Türen in die weiteren Bereiche der Wohnung und der Blick geht ausschließlich in den Hinterhof.

Der Neubau „Berlin Lake Suites"[12] in Berlin-Charlottenburg von Arnold und Gladisch Architekten basiert ebenfalls auf der L-Typologie, mit Anleihen bei dem typischen Berliner Grundriss. Das Berliner Zimmer gibt sich in dem offenen Grundriss des Vorderhauses erst auf den zweiten Blick zu erkennen. (**Abb. 47**) Die originären Eigenschaften liegen indes vor: Durchgangszimmer, Zugänglichkeit aus drei Richtungen und nur ein Fenster zum Hinterhof. Auch hier liegt wieder die Nutzung als Wohnküche vor. Vom Berliner Zimmer aus führt, ganz in der Tradition des Berliner Etagenhauses, ein langer Korridor durch den Seitenflügel, von dem wiederum weitere Zimmer abgehen.

Zuletzt sei das Wohnhaus in der Alten Schönhauser Straße 42 in Berlin-Mitte erwähnt, entworfen vom Architekturbüro Angelis & Partner. Es greift die Vorteile des Altbaus auf, beispielsweise die große Deckenhöhe und die interne Flexibilität, und kombiniert diese mit der strukturellen Form des Berliner Mietshauses als L-Typ. (**Abb. 48**) Das Haus gewann den Architekturpreis „Wohnen 2007"[13] und zeigt auf, dass es ein sehr zeitgemäßer Weg sein kann, bewährte Bautypologien aus der Zeit des Massenwohnungsbaus des 19. und frühen 20. Jahrhunderts aufzugreifen und mit zeitgenössischen Materialien neu zu interpretieren. Innen setzt sich dieser Ansatz fort, indem hier mit den Vorteilen des nutzungsoffenen Berliner

Zimmers gespielt wird. Anstatt einen gefangenen Raum an der Hofecke zu platzieren, greifen die Architekten zu der aneignungsoffenen Lösung des großen und hohen Berliner Zimmers, das zu jedem Zeitpunkt mithilfe von Sekundärstrukturen umgewandelt und an die jeweiligen Lebensumstände angepasst werden kann.[14]

1 Siehe dazu auch Bodenschatz/Pollina 2010.
2 Siehe dazu Kleihues 1989, S. 61.
3 Vgl. ebd., S. 86.
4 Siehe dazu Assmann 1862.
5 Vgl. Kleihues 1989, S. 90.
6 In der Maximalvariante der Bevölkerungsprognose wird Berlin im Jahre 2030 eine Einwohnerzahl von 4,05 Millionen haben. Siehe dazu: Senatsverwaltung für Stadtentwicklung und Umwelt (Hrsg.): Statistik zur Bevölkerungsentwicklung Berlins bis 2030, einsehbar unter: https://www.stadtentwicklung.berlin.de/planen/bevoelkerungsprognose/, zugegriffen am 18.04.2021.
7 Über 85 Prozent der Bewohner Berlins leben in Mietwohnungen. Siehe dazu: http://www.stadtentwicklung.berlin.de/wohnen/mieterfibel/, zugegriffen am 18.04.2021.
8 Eisenzahnstraße 1, 10709 Berlin.
9 Pfalzburger Str. 67, 10719 Berlin.
10 Knesebeckstraße 15, 10623 Berlin.
11 Ergebnis der zur vorliegenden Studie geführten Interviews.
12 Witzlebenplatz 3, 14057 Berlin.
13 Vgl. https://www.angelis-partner.de/projekte/wohn-geschaftshaus-alte-schonhauser-strasse, zugegriffen am 17.04.2021.
14 Vgl. dazu Kriege-Steffen 2010.

Das Berliner Zimmer heute

Assoziationen zum Berliner Zimmer

Das Berliner Zimmer dient sowohl in der Literatur als auch in der Kunst und der Politik als Metapher. Es regt zu vielfältigen Assoziationen an. Doch was verbinden die heutigen Bewohner eines Berliner Zimmers mit diesem Raum? Dieser Frage wird im empirischen Teil der vorliegenden Arbeit nachgegangen. Im Folgenden sind alle genannten Assoziationen aus den Interviews und aus einer im Rahmen der Arbeit durchgeführten Onlineumfrage zusammengefasst. Die Größe der Schrift steht im Verhältnis zur Häufigkeit der Nennung, wobei die kleinste Schriftgröße einer Nennung entspricht:

Gesellschaftsraum

Treffpunkt

Gemeinschaft

großzügig Kultur

Ungewohntheit

kalt Marktplatz Unzimmer

Gute Stube

Wärme

Erinnerungen

typisch Berlin Essen

funktional

Jahrhundertwende individuell

Variabilität

Kommunikationsort

Allzweckraum

Altbau

Übergangszone Verbindung

Tradition

multifunktional

historisch

Dreh- und Angelpunkt

angenehm

Loch

Dunkelheit

schön

belebt

Aufenthalt

Teilen

unnötig

hell

schwierig

Höhe

Kiffen

Schleuse

Herz der Wohnung

Hellhörigkeit

Dekadenz

schräg

Durchgang

Morgensonne

ungemütlich

Transit

Hall

wohnlich

Mittelpunkt/Zentrum

bürgerlich

verkramt

Höhle

nutzungsoffen

Fußboden

wunderschön

Kindheit

Lesen

Lebendigkeit

Freunde

gemütlich

nutzlos

zugig

einzigartig

architektonische Missgeburt

Licht

Ausguck

praktisch

Raum

Bestandsaufnahmen und Nutzungsaneignungen

Die folgende fotografische Dokumentation zeigt auf, in welch vielfältiger Form das Berliner Zimmer angeeignet wird. Gleichzeitig lassen sich hier mannigfaltige Parallelen zwischen den untersuchten Zimmern ausfindig machen. Abseits der im Assmann'schen Grundrissmusterbuch veröffentlichten Grundrisslösungen zeigen sich in der gebauten Realität vielfältige typologische Ausformungen des Berliner Eckzimmers, wie der im folgenden Teil ebenfalls angelegten Typisierung sämtlicher im Rahmen der Arbeit aufgenommener Grundrisse entnommen werden kann. Den Fotos sind die Aussagen der Bewohner zur Nutzungsaneignung zur Seite gestellt.

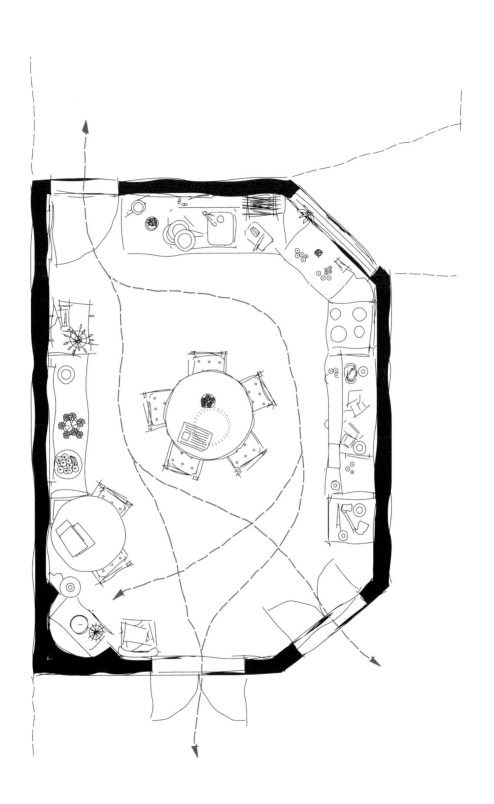

57

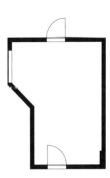

„Wir nutzen das Berliner Zimmer als Wohnzimmer. Hier spielt sich eigentlich das meiste ab: Es ist der Dreh- und Angelpunkt der Wohnung."

„Wir nutzen das Berliner Zimmer als Küche und Esszimmer. Es ist vor allem aber auch das Zentrum der Wohnung und eine Begegnungsstätte im besten Sinne. Für jeden, der bei uns vorbeikommt, ist das Berliner Zimmer der zentrale Anlaufpunkt nach Betreten der Wohnung."

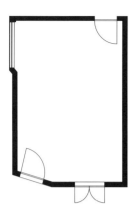

„Wir nutzen das Berliner Zimmer als Bibliothek. Ab und zu steht dort auch der Wäscheständer. Als unser Kind noch klein war, raste es mit Vorliebe durch diesen großen Raum. Ansonsten ist es halt ein Durchgangszimmer und Raum, den man im eigentlichen Sinne nicht benötigt. Doch genau darin sehe ich einen Vorteil dieses Zimmers."

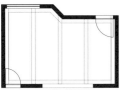

„Wir nutzen das Berliner Zimmer vor
allem als Esszimmer und als Bibliothek.
Es war aber auch mal Schlafzimmer, als
die Kinder noch klein waren, da wir von
dort aus alles im Blick hatten."

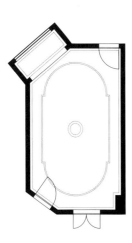

„Das Berliner Zimmer ist für uns zum einen der Ort zum Relaxen und zum anderen auch zum Arbeiten, wenn ich beispielsweise mit meinem Laptop dort sitze und Dinge erledige. Es ist auch ein Wirtschaftsraum. Vor allem aber ein privater Bereich für die Entspannung. Ich nutze es auch als Raum für die Pflanzen, vor allem den hellen Erker. Nun gut, es ist auch das Fernsehzimmer und natürlich auch das Kaminzimmer. Als Sportzimmer wird es ebenfalls genutzt, man kann eine Schaukel in den oberen Rahmen der Flügeltür einhängen und hier steht auch mein Stepper. Im Grunde wird es für alle Dinge genutzt, die viel Platz brauchen, und als erweitertes Spielzimmer. Ach ja, und natürlich ist es auch der Raum für Partys. Im Erker, auf dem Podest, ist der Platz für den DJ. Das Berliner Zimmer wird dann komplett leer geräumt und dient als Tanzfläche. Und zu guter Letzt ist es interessanterweise auch der Raum, in dem sich die Katzen am häufigsten aufhalten, also das Katzenzimmer."

„Unser Berliner Zimmer ist kein Gemeinschafts- oder Durchgangs-zimmer, wie es anfänglich einmal geplant war. Es war mal Esszimmer und auch Spielzimmer für die Kinder. Mittlerweile ist es vor allem das Wohn- und Musikzimmer, in das man sich auch zurückziehen kann, bevor man noch weiter in die privaten Räume des Seitenflügels vordringt."

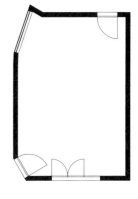

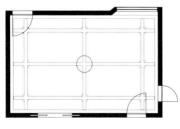

„Wir nutzen das Berliner Zimmer als Küche, doch es ist viel mehr auch ein Begegnungsort innerhalb der Wohnung. Es ist eigentlich der Raum, neben unserem Arbeitszimmer, in dem alles stattfindet. Hier kommt man rein, hier sitzt man, hier nimmt sich jeder was zu essen. Ja, und das ist doch auch das Schöne an diesem Zimmer, dass es der Mittelpunkt der Wohnung ist, nicht nur räumlich."

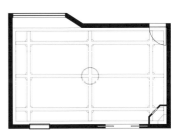

„Das Berliner Zimmer wird als Wohnzimmer aber hauptsächlich auch als
Esszimmer genutzt, vor allem, wenn
Gäste hier sind. Dann kann man hier
aufgelockert sitzen, am Tisch oder vor
dem Kamin und sich einen schönen
netten Abend machen. Ansonsten
ist es eigentlich auch ein reines
Durchgangszimmer."

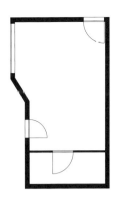

„Ich nutze das Berliner Zimmer als Wohnzimmer, Aufenthaltsraum und Arbeitsraum, also nicht nur als Durchgangszimmer. Auch als Esszimmer – eigentlich für alles, außer für das Schlafen."

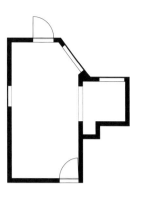

„In erster Linie nutzen wir das Berliner Zimmer als Esszimmer. Teilweise ist es auch Spielzimmer für unser Kind. Und durch den Wanddurchbruch wird ein Teil des Raumes auch als Küche genutzt."

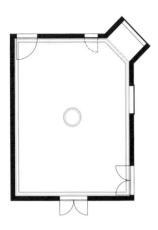

„Das Berliner Zimmer nutzen wir als unser gemeinschaftliches Wohnzimmer. Es ist der Mittelpunkt der WG. Die große Wand dient als Projektionsfläche zum Filmegucken, was wir hier oft zusammen tun."

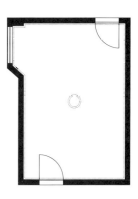

„Das Berliner Zimmer ist mein Wohnzimmer und der Raum, in dem ich mich
am meisten aufhalte."

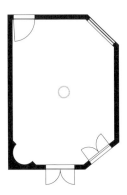

„Das Berliner Zimmer war bei uns lange Zeit der Gemeinschaftsraum. Dann haben wir die Küche von hinten hierher verlegt. Seitdem ist es Wohnküche, Ess- und Treffzimmer."

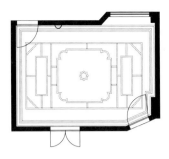

„Das Berliner Zimmer wird als Treffpunkt und Versammlungsraum genutzt.
Es ist auch Musikzimmer, Galerie.
Für meine Tochter ist es der Haus-
aufgabenraum, da sie sich gerne in
Gesellschaft aufhält. Außerdem dient
es als Trockenraum für die Wäsche.
Mein Sohn spielt auch gerne Fußball in
diesem Zimmer oder fährt mit seinen
Inlineskates herum. Auch die Katze rast
gerne durch diesen Raum. Wir tanzen
und essen hier. Der Tisch wanderte
schon mehrfach durch das Zimmer
und ich denke, es ist vor allem auch ein
Raum, der sich, je nachdem mit welchen Leuten ich hier zusammenwohne,
auch immer wieder verändern wird."

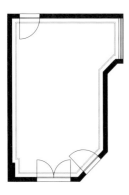

„Wir nutzen das Berliner Zimmer als Wohn- und Esszimmer. Es ist der Lebensmittelpunkt dieser Wohnung."

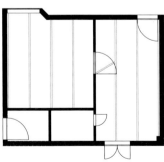

„Das Berliner Zimmer ist ja in mehrere Räume aufgeteilt worden. Ich nutze es als Schlafzimmer, Abstellraum und Musikzimmer. Der Durchgangsbereich dient auch ein wenig als Bibliothek und Ort des Zusammensitzens."

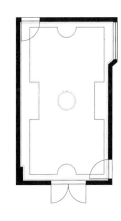

„Wir nutzen das Berliner Zimmer als Küche und Esszimer, zum Zusammensitzen mit Freunden, beispielsweise an der Bar, zum Lesen und zum Klavier spielen – also eigentlich für alles Mögliche."

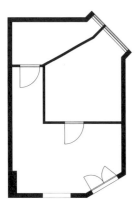

„Das Berliner Zimmer wird als Durchgangsraum, Küche und Badezimmer
genutzt."

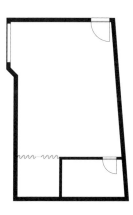

„Mein Berliner Zimmer ist alles in einem: Wohn-, Schlaf-, Bade- und Ankleidezimmer. Ich wohne ja in einer 1-Zimmer-Wohnung im Berliner Zimmer und deshalb spielt sich dort so ziemlich alles ab. Gäste sind jedoch eher selten in dem Berliner Zimmer, da ich mich mit denen meist vorne in der Küche aufhalte."

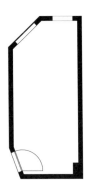

„Wir nutzen das Berliner Zimmer als Schlafzimmer und als Abstellraum für die Dinge, die in den anderen Räumen nicht stehen sollen, beispielsweise Ordner und Bürosachen. Es ist ebenso Ankleidezimmer und wird natürlich auch als Durchgangszimmer in das zukünftige Kinderzimmer genutzt."

„Das Berliner Zimmer ist vor allem ein Zimmer, in das sich mein Freund zurückziehen kann, zum Fernsehegucken oder für die Arbeit am Computer. Außerdem dient es als Gästezimmer."

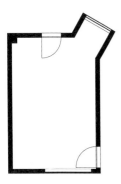

„Das Berliner Zimmer war früher, als
wie hier noch als WG gewohnt haben,
der Gemeinschaftsraum. Dann haben
wir die Wohnung geteilt und mein
Sohn hat den hinteren Teil mit Berliner
Zimmer bewohnt und dort auch gerne
gefeiert – zur Freude der Nachbarn.
Seit er ausgezogen ist, vermiete
ich das Zimmer unter, an Leute aus
aller Herren Länder, die zumeist
herkommen, um Deutsch zu lernen.
Eigentlich brauche ich das Berliner
Zimmer gar nicht mehr, aber für Gäste
ist es halt sehr gut."

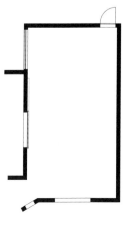

„Das Berliner Zimmer wird als Ess-
und Repräsentationszimmer genutzt;
teilweise auch als Arbeitszimmer, wie
man auf dem Tisch sieht. Im Grunde ist
es ziemlich viel Fläche für sehr wenig
Nutzung."

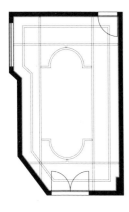

„Das Berliner Zimmer ist mein
Arbeitszimmer. Ich fotografiere hier,
produziere hier, zeige hier aber auch
meine Bilder. Bei Ausstellungen kommt
der Schreibtisch aus dem Zimmer. Der
steht extra auf Rollen und kann hin- und
herbewegt werden."

Typisierung

Grundrisstypisierung

Typ 1

Typ 2

Typ 3

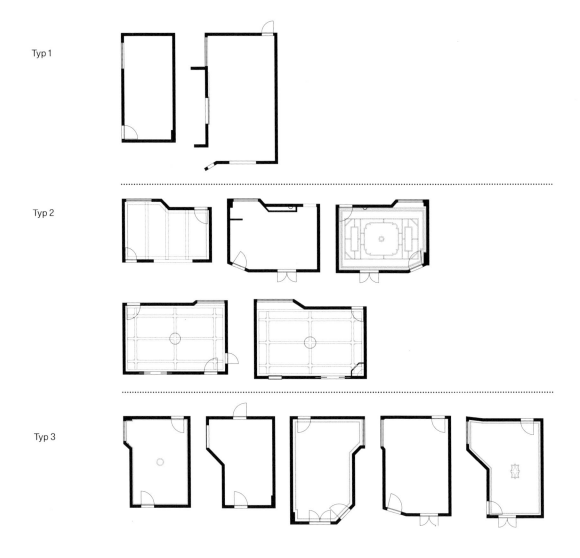

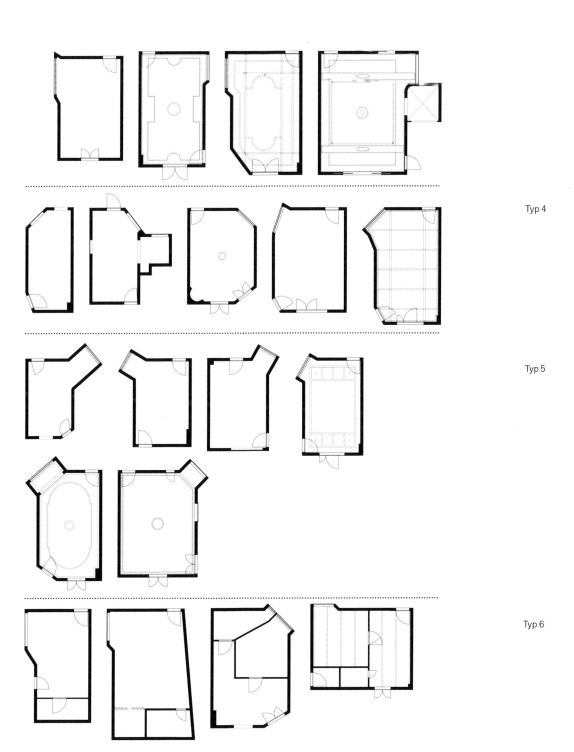

Typ 4

Typ 5

Typ 6

Nutzungstypisierung

Hinsichtlich der Nutzungszonen zeichnen sich bei den untersuchten Berliner Zimmern in vielen Punkten Parallelen ab. So wird der Bereich vor dem Hoffenster überproportional oft als Essplatz genutzt. Existiert eine Wohnküche, so befindet sich diese in der Regel an der Mittelwand oder an der Seitenwand, da hinter diesen Wänden meist die Badezimmer liegen, mit den Zu- und Abwassersträngen. An die Brandwand wird in den meisten Fällen ein Sofa gestellt oder, abgerückt in Richtung Raummitte, ein Essplatz. Dem gegenüberliegend, an der Seitenwand, befindet sich häufig der Fernseher. Da der größte Teil der Mittelwand durch die Flügel- oder Schiebetür eingenommen wird, ist diese Zone als Durchgangszone meist freigehalten. In den Fällen, in denen die zentrale Flügel- oder Schiebetür entfernt und die Öffnung verschlossen wurde, wird der vorgelagerte Bereich aufgrund der geringen Einsehbarkeit häufig als Ankleidezone genutzt. Sofern der zentrale Bereich nicht mit einem Esstisch besetzt ist, der in kleineren Wohnungen ohne Arbeitszimmer oft auch zusätzlich als Schreibtisch genutzt wird, dient dieser im Alltag häufig als zusätzliche temporäre Spielfläche für die Kinder. Der kleine Bereich hinter der meist offen stehenden Korridortür zum Seitenflügel wird überdurchschnittlich oft als Abstellort für eine Haushaltsleiter genutzt.

Es bleibt anzumerken, dass das Berliner Zimmer laut der durchgeführten Befragung der Raum in der Wohnung ist, in dem die Möbel mit Abstand am häufigsten umgestellt werden. Auch ändert sich hier überdurchschnittlich oft die Primärnutzung. Bei Familien mit Kleinkindern wird das Berliner Zimmer mitunter als gemeinsames Schlafzimmer genutzt, da es als zentral gelegener Raum und vermittels der vielen Türen Einblicke in alle umliegenden Wohnbereiche ermöglicht, in welche die Kinder ihre Spielaktivitäten ausbreiten. Besonders häufig ist als Nutzungsform die Wohnküche vertreten. Abschließend muss jedoch erwähnt werden, dass das Berliner Zimmer in den wenigsten Fällen lediglich einer einzigen Nutzung zugeführt wird, sondern dass es überdurchschnittlich häufig in unterschiedliche Nutzungs- oder Funktionszonen eingeteilt wird, was im Vergleich zu den anderen Wohnräumen eine Besonderheit darstellt.

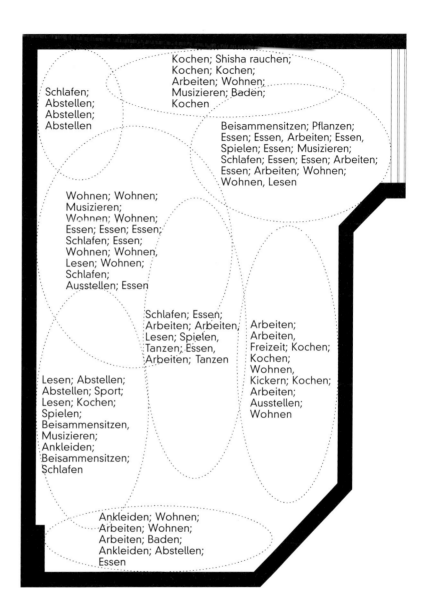

Kochen; Shisha rauchen;
Kochen; Kochen;
Arbeiten; Wohnen;
Musizieren; Baden;
Kochen

Schlafen;
Abstellen;
Abstellen;
Abstellen

Beisammensitzen; Pflanzen;
Essen; Essen, Arbeiten; Essen,
Spielen; Essen; Musizieren;
Schlafen; Essen; Essen; Arbeiten;
Essen; Arbeiten; Wohnen;
Wohnen, Lesen

Wohnen; Wohnen;
Musizieren;
Wohnen; Wohnen;
Essen; Essen; Essen;
Schlafen; Essen;
Wohnen; Wohnen,
Lesen; Wohnen;
Schlafen;
Ausstellen; Essen

Schlafen; Essen;
Arbeiten; Arbeiten;
Lesen; Spielen,
Tanzen; Essen,
Arbeiten; Tanzen

Arbeiten;
Arbeiten,
Freizeit; Kochen;
Kochen;
Wohnen,
Kickern; Kochen;
Arbeiten;
Ausstellen;
Wohnen

Lesen; Abstellen;
Abstellen; Sport;
Lesen; Kochen;
Spielen;
Beisammensitzen,
Musizieren;
Ankleiden;
Beisammensitzen;
Schlafen

Ankleiden; Wohnen;
Arbeiten; Wohnen;
Arbeiten; Baden;
Ankleiden; Abstellen;
Essen

109

Schlussbemerkungen – Geschichte, Gegenwart und Zukunft

Das Berliner Zimmer existiert seit über 200 Jahren und prägt die Identität des Berliner Wohnungsbaus. Spätestens seit der massenhaften Verbreitung dieses Raumtyps in der Gründerzeit – infolge der Veröffentlichung des Assmann'schen Mustergrundrissbuchs – ist es ein Teil der DNA des Berliner Etagenhauses. Es wird seit jeher verachtet und geliebt, wurde per Bauverordnung abgeschafft und hält nun wieder im Neubau Einzug.

Die Grundrisstypisierung der hier untersuchten Berliner Zimmer kommt zu dem Ergebnis, dass sich innerhalb des Berliner Mietshauses vorrangig sechs Grundtypen herausgebildet haben. Die Vielfalt an Lösungen für die immer gleiche architektonische Aufgabenstellung ist beeindruckend und verdeutlicht zugleich, dass es für die Baumeister der Stadt Berlin und der damaligen Vorortgemeinden der Raum im Massenwohnungsbau war, an dem sie sich am meisten abarbeiteten.

Durch das hohe Potenzial zu situativer Aneignung ist es heutzutage der Raum in der Berliner Altbauwohnung, der am häufigsten neu möbliert wird und sich in den unterschiedlichsten Ausformungen zeigt. Er kommt als Bibliothek, Arbeitszimmer, Galerie, Wohnzimmer, Schlafzimmer, Küche, Gästezimmer oder Hobbyzimmer daher. Mitunter finden sich auch Berliner Zimmer, die durch neue Zwischenwände innenräumlich völlig neu aufgeteilt sind, in mehrere Räume. Letzteres ist oftmals eine Folge von Wohnungsteilungsmaßnahmen nach der Weltwirtschaftskrise zu Beginn der 1930er-Jahre und nach dem Zweiten Weltkrieg. Es existieren auch Berliner Zimmer von einstmals hochherrschaftlichen Wohnetagen, die heute Teil einer in sich abgeschlossenen Ein-Zimmer-Wohneinheit sind, inklusive Küche und ergänztem Badezimmer. Möglich wurde dies durch die in Berlin weitverbreitete Doppelerschließung der Wohnungen über ein Haupt- und ein Nebentreppenhaus.

Eine Besonderheit des Berliner Zimmers ist das Potenzial der „geplanten Unbestimmtheit"[1], das ihm innewohnt. Es ist ein Möglichkeitsraum innerhalb der Wohnung. Dieses vielfältige Angebot an Umnutzungsmöglichkeiten lassen die Räume des Wohnungsbaus heutiger Prägung in aller Regel vermissen. Ein Großteil der Wohnungsbauarchitektur erscheint noch immer erstarrt in den funktionalistischen Innenraumprinzipien der klassischen Moderne.[2] Bereits mit Werner Hegemanns *Das steinerne Berlin*[3] von 1930 wurde das Berliner Mietshaus zum Feindbild der modernen Architektur deklariert. Auch widerstrebte es den funktionalistischen Entwurfsvorstellungen der Architekten der ersten CIAM-Generation[4] nutzungsoffene Räume, wie das Berliner Zimmer, zu entwerfen. Ihr Wunsch nach Zonierung kam nicht nur auf städtebaulicher Ebene zum Ausdruck, sondern auch im Wohnungsbau, dessen Grundrisse streng zoniert wurden. Ein jeder Raum wurde hinsichtlich seiner festgelegten Bestimmung entworfen. Zwar verbindet man mit der klassischen Moderne auch offene und fließende Grundrisse, doch diese waren nur für einen sehr wohlhabenden Personenkreis bestimmt, der sich eine solche Wohnform auch leisten konnte. Allem voran wurde die „Wohnung für das Existenzminimum"[5] propagiert. Den Zimmern dieses weitverbreiteten Wohnungstyps fehlt jedoch das soziale Moment, das dem Durchgangsraum Berliner Zimmer in einem ganz besonderen Maße innewohnt. Diese Raumeigenschaft gewann in der strukturalistischen Phase der Architektur der 1960er- bis 1970er-Jahre – insbesondere innerhalb des Team X[6] – massiv an Bedeutung. Auch kam in dieser Zeit die Forderung nach mehr *Po-*

lyvalenz im Wohnungsbau auf,[7] damit „jedermann seine eigene Interpretation innerhalb der kollektiven Struktur [der Architektur] verwirklichen kann".[8] Im Zuge dessen fand auch das Berliner Zimmer, in neuinterpretierter Form, wieder Einzug in den Wohnungsbau. Ein interessantes Beispiel hierfür kann man in dem zwischen 1966 und 1969 im Märkischen Viertel in Berlin errichteten strukturalistischen Wohnungsbauvorhaben des Team-X-Mitglieds Oswald Mathias Ungers vorfinden.[9] Ein wesentliches Ziel der strukturalistischen Bewegung in der Architektur war, die Human- und Sozialwissenschaften in die Architektur zu integrieren. Es wurden wieder Gebäude entwickelt, deren Architektur, entgegen dem generischen International Style, kulturelle, historische und soziale Aspekte mitberücksichtigt.[10] In diesem Zusammenhang betrachteten die Architekten verstärkt Baukonzepte vergangener Zeiten, um menschliche Bauprozesse allumfassend zu verstehen und sich gegen eine „einseitig mechanische, technisch orientierte Architekturauffassung"[11] zu wenden. Auch das gründerzeitliche Berliner Mietshaus, mit seinem nutzungsoffenen Grundriss, geriet hierbei in den Fokus. Die allgemeine Bauherrenschaft in Berlin blieb im Großen und Ganzen jedoch weiterhin dabei, Wohnungen errichten zu lassen, die sich vor allem durch eine räumlich-funktionale Determiniertheit auszeichnen. Erst im Zuge der kritischen Rekonstruktion der IBA 87 kam es dann wieder zu einem vermehrten Aufkommen von Berliner Zimmern im sozialen Wohnungsbau.

Dass dieser Raumtyp zu jener Zeit eine Renaissance erlebte, liegt wohl zum einen an der Auseinandersetzung mit der ortspezifischen Architektur, verbunden mit einem kritischen Rückblick in die Baugeschichte Berlins, und zum anderen an dem Verständnis dafür, welche Anreize für die räumliche Interaktion und Interpretation das Berliner Zimmer bietet.

Doch weshalb ergeben sich diese Impulse so häufig innerhalb des Berliner Zimmers? Ein Grund scheint vor allem die raumimmanente Imperfektion zu sein. Das Berliner Zimmer bietet Reibungspunkte, die den Bewohner dazu animieren, die eigene Wohnarchitektur weiterzudenken und individuelle Raumaneignungen, bis hin zu baulichen Eingriffen, vorzunehmen.[12] Ein wichtiger Nebeneffekt dabei ist, dass sich die Bewohner durch diese Interaktionen zugleich wesentlich stärker mit den eigenen vier Wänden identifizieren.[13]

Das Berliner Zimmer ist wie kein anderer Raum geprägt durch eine hohe Ambivalenz – es ist eine Zone des Durchgangs und des Verweilens, ein verbindender Raum und eine Pufferzone zu den fortfolgenden Räumen im Seitenflügel.[14] In diesem Raum findet vorrangig Gemeinschaft statt – er ist die *Agora* der Wohnung. Es verwundert auch nicht, dass vor allem bei Kindern eine ganz besondere Begeisterung für diesen Raumtyp festzustellen ist,[15] bietet er doch so viele Schnittstellen mit den angrenzenden Räumen, die das Spielfeld nach Bedarf situativ erweitern können. Für das Familien- oder Gemeinschaftsleben ist die Verortung eines zentralen Durchgangsraums, in dem man sich zwangsläufig begegnet, mit Blick auf die heutige Architektur wegweisend; verbringen die Personen in einem Haushalt doch mittlerweile einen Großteil Ihrer Lebenszeit in separierten Räumen, am Schreibtisch und PC sitzend.[16]

Die Geschichte des Berliner Zimmers ist wechselvoll und geprägt durch ein stetiges Auf- und Abtauchen in den Wohnungsgrundrissen der namensgebenden Metropole. Derzeit reüssiert es vor allem bei Neubaumaßnahmen im Luxussegment – es soll den hochpreisigen Wohnungen ein Stück *Stadtidentität* verleihen. Doch mit Blick auf die aktuellen Themen in der Architektur, wie Nachverdichtung, Gemeinschaftswohnprojekte, Resilienz und das vermehrte Entstehen von Etagenhäusern mit Seitenflügeln, herrschen derzeit Rahmenbedingungen vor, die dem 200 Jahre alten Berliner Zimmer Vorschub leisten können, wieder Einzug in den allgemeinen Wohnungsbau zu halten.

1   Zur Terminologie der „geplanten Unbestimmtheit" in der Architektur siehe Friedrich 2011.

2   Die Moderne wird im Kontext dieser Arbeit vor allem als eine nicht stringent abzugrenzende Architekturepoche aufgefasst, welche sich ab den 1920er-Jahren entwickelte und durch eine funktionale, materialeinsparende Formensprache geprägt ist. Oft ist in diesem Zusammenhang auch von der klassischen Moderne die Rede, in Abgrenzung zu der von Vitruv geprägten Terminologie der klassischen Architektur.

3   Hegeman 1988.

4   Congrès Internationaux d'Architecture Moderne (dt.: Internationale Kongresse für Neues Bauen): regelmäßig stattfindende Architekturkongresse, zwischen 1928 und 1959, an denen eine internationale Gruppe von Architekten und Stadtplanern teilnahm, um sich mit diversen Problemstellungen der modernen Architektur zu befassen und gegen die „antagonistischen Kräfte eines Akademismus" (Sigfried Giedion) anzukämpfen. Siehe dazu unter anderem Mumford 2000.

5   Internationale Kongresse für Neues Bauen und Städtisches Hochbauamt Frankfurt/Main 1930.

6   Der Strukturalismus in der Architektur ist die avangardistische Antwort auf den teils sehr dogmatischen CIAM-Funktionalismus, die wichtigste Architekturströmung von 1928 bis 1959. Die Nachkriegskrise der CIAM und die anschließende Gründung des Team X bildeten den Ausgangspunkt für neue Architekturströmungen und damit verbundene neue Architekturtheorien (vgl. Lüchinger 1981, S. 8).

7   Vgl. Risselada / van den Heuvel 2005; Hecker 2006.

8   Hertzberger 1981, S. 54.

9   Siehe dazu auch Ullmann 1977, S. 38.

10 Vgl. Baghdadi 1999.

11 Joedicke 1980, S. 29.

12 Siehe zur Relativität des Raumes in der Architektur Hertzberger 1980, S. 142–148; Frank/Gockel/Hauschild/Kimmich/Mahlke 2008; Schlögel 2006.

13 Ergebnis der im Rahmen der Studie geführten Interviews mit den Bewohnern von Wohnungen mit Berliner Zimmern.

14 Wie in keinem anderen Wohnraum überlagern sich im Berliner Zimmer Raumeigenschaften und -nutzungen: Aldo van Eyck (1918–1999) würde im Berliner Zimmer wohl die Erfüllung des von ihm unter dem Einfluss von Carola Giedeon-Welcker (1893–1979) entwickelten „Zwillingsphänomens" erkennen, das eine wesentliche Komponente strukturalistischer Architekturauffassung darstellt. Demnach „sollten Räume geschaffen werden, die Rücksicht auf das menschliche Gemüt nehmen und die den geteilten Zwillingsphänomenen eine größere Chance geben, sich zu erstellen wie z.B. Individuum-Gemeinschaft, Teil-Ganzheit, innen-außen, viel-wenig, groß-klein, Bewegung-Ruhe usw." (siehe dazu Lüchinger 1976, S. 9).

15 Ergebnis der im Rahmen der Studie geführten Interviews mit den Bewohnern von Wohnungen mit Berliner Zimmern.

16 Siehe dazu Statistisches Bundesamt 2015.

Archiv-, Quellen- und Literaturverzeichnis

Archive

Landesarchiv Berlin
Zentrum für Berlin Studien

Quellen

Architekten-Verein zu Berlin (Hrsg.): Berlin und seine Bauten. Zwei Theile, Buchhandel Ernst und Korn, Berlin 1877.

Assmann, Gustav: Grundrisse für städtische Wohngebäude. Mit Rücksicht auf die für Berlin geltende Bau-Ordnung. XXII Grundrisse auf X Tafeln mit erläuterndem Text, Verlag von Ernst & Korn, Berlin 1862.

Brockhaus-Verlag (Hrsg.): Der Grosse Brockhaus. F.A. Brockhaus, Leipzig/Berlin/Wien 1894.

Gessner, Albert: Das deutsche Miethaus, München 1909.

Gurlitt, Cornelius: Im Bürgerhause. Plaudereien über Kunst, Kunstgewerbe und Wohnungs-Ausstattung, Gilber'sche Königl. Hof-Verlagsbuchhandlung (J. Bleyel), Dresden 1888.

Gut, Albert: Das Berliner Wohnhaus des 17. und 18. Jahrhunderts, ergänzte Neuauflage der Originalausgabe von 1917, hrsg. von Waltraud Volk, Verlag Wilhelm Ernst & Sohn, Berlin 1984.

Internationale Kongresse für Neues Bauen und Städtisches Hochbauamt Frankfurt/Main (Hrsg.): Die Wohnung für das Existenzminimum. 100 Grundrisse, Englert und Schlosser Verlag, Frankfurt am Main 1930.

Muthesius, Hermann: Wie baue ich mein Haus, Verlag von F. Bruckmann A.-G., München 1919.

Nicolai, Friedrich: Beschreibung der königlichen Residenzstädte Berlin und Potsdam und aller daselbst befindlichen Merkwürdigkeiten, 2 Bände, Nicolai Verlag, Berlin 1797.

Georg O. Richter & Schädel: Neue Berliner Miethausbauten, o. Verl., 1928.

Roth, Werry: Teilung der Wohnung, in: Margis, Hildegard / Mahler, Karl (Hrsg.): Teilung und Umbau von Wohnungen, Deutsche Verlags-Anstalt, Stuttgart/Berlin 1932.

Schinkel, Karl Friedrich: Sammlung architektonischer Entwürfe. Enthaltend theils Werke, welche ausgeführt sind, theils Gegenstände, deren Ausführung beabsichtigt wurde, Verlag von Ernst & Korn, Berlin 1858.

Literatur

Asmus, Gesine (Hrsg.): Hinterhof, Keller und Mansarde, Einblicke in das Berliner Wohnungselend, 1901–1920. Die Wohnungs-Enquête der Ortskrankenkasse für den Gewerbebetrieb der Kaufleute, Handelsleute und Apotheker, Rowolth Taschenbuch Verlag, Hamburg 1982.

Bachelard, Gaston: Poetik des Raumes, Verlag Ullstein, Frankfurt am Main/Berlin/Wien 1975.

Baghdadi, Mustafa: Changing Ideals in Architecture. From CIAM to Team X, in: William O'Reilly (Hrsg.): Architectural Knowlegde and Cultural Diversity, Comportements, Lausanne 1999.

Barbey, Gilles: WohnHaft. Essay über die innere Geschichte der Massenwohnung, Friedr. Vieweg & Sohn Verlagsgesellschaft mbH, Braunschweig 1984.

Baur, Joachim / Klausmann, Christina / Krause, Albrecht / Lutum-Lenger, Paula: Landesgeschichten. Der deutsche Südwesten 1790 bis heute, hrsg. vom Haus der Geschichte Baden-Württemberg, Stuttgart 2002.

Benevolo, Leonardo: Die Geschichte der Stadt, Campus Verlag, Frankfurt am Main/New York 2000.

Benjamin, Walter: Berliner Kindheit um 1900, Suhrkamp Verlag, Frankfurt am Main 2012.

Bibliographisches Institut (Hsg.): Meyers großes Konversations-Lexikon. Ein Nachschlagewerk des allgemeinen Wissens, Leipzig/Wien 1903.

Bodenschatz, Harald / Pollina, Cordelia: Learning from IBA – Die IBA 1987 in Berlin, Senatsverwaltung für Stadtentwicklung und Umwelt Berlin in Kooperation mit studio nelke, Berlin 2010.

Bodenschatz, Harald: Platz frei für das neue Berlin. Geschichte der Stadterneuerung seit 1871, Transit Buchverlag, Berlin 1987.

Bürkle, Stefanie: Szenografie einer Großstadt. Berlin als städtebauliche Bühne, Parthas Verlag, Berlin 2013.

Callesen, Gerd / Maderthaner, Wolfgang (Hrsg.): Briefwechsel Victor Adler – Friedrich Engels, Akademie Verlag, Berlin 2011.

Dohm, Hedwig: Schicksale einer Seele, Verlag S. Fischer, Berlin 1899.

Engels, Friedrich: Briefwechsel mit Laura Lafargue in Le Perreux, in: Institut für Marxismus-Leninismus beim ZK der SED (Hrsg.): Karl Marx Friedrich Engels, Werke, Bd. 39, Dietz Verlag, Berlin 1968, S. 120 f.

Erman, Hans: Weltgeschichte auf berlinisch – Historien, Episoden, Anekdoten, Verlag für Internationalen Kulturaustausch, Berlin (West) 1960.

Essig, Hermann: Der Taifun, Kurt Wolff Verlag, Leipzig 1919.

Fanelsa, Niklas: Das europäische Haus. Eine Untersuchung europäischer Mehrfamilienhäuser des 19. Jahrhunderts als nutzungsoffene Struktur, RWTH Aachen Hochschulbibliothek online (PDF), 2014 (Masterarbeit, RWTH Aachen, 2014).

Fontane, Theodor: Die Poggenpuhls, Könemann Verlagsgesellschaft, Köln 1998.

Frank, Michael / Gockel, Bettina / Hauschild, Thomas / Kimmich, Dorothee / Mahlke, Kirsten (Hrsg.): Räume. Zeitschrift für Kulturwissenschaften, Heft 2, Transcript, Bielefeld 2008.

Friedländer, Hugo: Interessante Kriminal-Prozesse von kulturhistorischer Bedeutung, Bd. 2, 1911–1921, Verlag Berliner Buchversand, Berlin 1922.

Friedrich, Katja: Geplante Unbestimmtheit. Aneignungsoffene Architektur für Selbstbestimmung im gelebten Raum am Beispiel des Kölner Bretts, Schriftenreihe Architekturtheorie und empirische Wohnforschung, Shaker Verlag, Aachen 2011 (Dissertation, TU Dresden, 2011).

Froschauer, Eva Maria: An die Leser. Baukunst darstellen und vermitteln. Berliner Architekturzeitschriften um 1900, Ernst Wasmuth Verlag, Tübingen/Berlin 2009.

Geist, Jonas: Die Grundrissarbeit im Wohnungsbau des 20. Jahrhunderts in Deutschland, Vorlesung und Seminar, Hochschule der Künste, Berlin 1999.

Geist, Jonas: Grundriss einer Typologie des europäischen Hauses: Teil 1–3, Vorlesung, Universität der Künste, Berlin 2000–2005.

Geist, Johann Friedrich / Kürvers, Klaus: Das Berliner Mietshaus. 1740–1862, Bd. 1, Prestel-Verlag, München 1980; dies.: Das Berliner Mietshaus. 1862–1945, Bd. 2, Prestel-Verlag, München 1984.

Geist, Johann Friedrich / Kürvers, Klaus (Hrsg.): Skalitzer Straße 99. Biographie eines Hauses, Hochschule der Künste (HdK), Presse- und Informationsstelle, Berlin 1989.

Gleiter, Jörg H.: Urgeschichte der Moderne. Zur Theorie der Geschichte der Architektur, transcript Verlag, Bielefeld 2010.

Graessener, Erdmann: Koblanks. Roman einer Berliner Familie, Kultur-buch Verlag, Berlin 1922.

Hackelsberger, C.: Plädoyer für eine Befreiung des Wohnens aus den Zwängen Sinnloser Perfektion, Bauwelt Fundamente, Bd. 68, Vieweg & Sohn Verlagsgesellschaft, Braunschweig/Wiesbaden 1983.

Hartog, Rudolf: Stadterweiterungen im 19. Jahrhundert, W. Kohlhammer Verlag, Stuttgart 1962.

Hartung, Klaus: Über die Geschichten und die Geschichte des Berliner Zimmers, in: Plath, Jörg: Mein Berliner Zimmer. 25 Bekenntnisse zu dieser Stadt, Nicolai Verlag, 1997, S. 10.

Hauser, Susanne / Kamleithner, Christa / Meyer, Roland (Hrsg.): Architek-turwissen. Grundlagentexte aus den Kulturwissenschaften. Zur Ästhetik des sozialen Raumes, transcript Verlag, Bielefeld 2011.

Hausmann, Erika / Soltendiek, Clarissa: Von der Wiese zum Baublock, publica/TU Verlagsgesellschaft mbH, Berlin 1986.

Häußermann, Hartmut / Siebel, Walter: Soziologie des Wohnens. Eine Einführung in Wandel und Ausdifferenzierung des Wohnens, Juventa Verlag, Weinheim/München 1996.

Hecker, Michael: structurel l structural. Einfluss „strukturalistischer" Theorien auf die Entwicklung architektonischer und städtebaulicher Ordnungs- und Gestaltungsprinzipien in West-Deutschland im Zeitraum von 1959–1975 (Dissertation, Universität Stuttgart, 2006).

Hegemann, Werner: 1930. Das steinerne Berlin. Geschichte der größten Mietkasernenstadt der Welt, Bauwelt Fundamente, Vieweg & Sohn Verlagsgesellschaft, Braunschweig/Wiesbaden 1988 (erstm. 1930).

Herres, Jan: Das Märkische Viertel im Kontext des Strukturalismus. Unter besonderer Beachtung der am Bauprozess beteiligten Mitglieder des Team10, Shadrach Woods und Oswald Matthias Ungers, im Zeitraum 1963–1974 (unv. Bachelorarbeit, SAdBK, Stuttgart 2013).

Hertzberger, Herman: Strukturalistische Form, in: Lüchinger, Arnulf: Strukturalismus in Architektur und Städtebau, Karl Krämer Verlag, Stuttgart 1981, S. 52 ff.

Hertzberger, Herman: Architektur für Menschen, in: Blomeyer, Gerald / Tietze, Barbara: Opposition zur Moderne. Aktuelle Positionen in der Architektur, Bauwelt Fundamente, Bd. 52, Vieweg & Sohn Verlagsgesellschaft, Braunschweig/Wiesbaden 1980.

Hoffmann-Axthelm, Dieter: Das Berliner Stadthaus. Geschichte und Typologie 1200 bis 2010, Grundlagen Band 7, DOM publishers, Berlin 2011.

Jacob, Brigitte / Schäche, Wolfgang / Bodenschatz, Harald (Hrsg.): 40 Jahre Märkisches Viertel, Jovis Verlag, Berlin 2004.

Joedicke, Jürgen: Architektur im Umbruch. Geschichte, Entwicklung, Ausblick, archpaper-edition, Karl Krämer Verlag, Stuttgart, 1980.

Kähler, Gert: Wie gewohnt?, Klett Verlag, Stuttgart 2006.

Kirchhöfer, Birgit: Ein Fenster zum Hof. Das Berliner Zimmer um 1900, Amt für Kultur und Bildung / Bezirksamt Pankow von Berlin, Berlin 2004.

Klapheck, Hermann: Wohnqualität im Massenwohnungsbau. Dargestellt und analysiert an Sonderformen der Mietshausbebauung Berlins um 1900, Stuttgart 1991 (Dissertation, Universität Stuttgart, 1991).

Kleihues, Josef Paul (Hrsg.): Internationale Bauausstellung Berlin 1984/87. Die Neubaugebiete. Dokumente-Projekte. Die Projekte, Verlag Gerd Hatje, Stuttgart 1989.

Kleihues, Josef Paul: Berlin Atlas zu Stadtbild und Stadtraum. Im Auftrag des Senators für Bau- und Wohnungswesen, Senator für Bau- und Wohnungswesen, Pressereferat, Berlin 1973.

Kluge, Friedrich: Etymologisches Wörterbuch der Deutschen Sprache, bearbeitet von Seebold, Elmar, Walter de Gruyter GmbH&Co. KG, Berlin/Boston 2011.

Krausse, Joachim: Werte aus dem Berliner Zimmer, in: Deutscher Werkbund e.V. und Württembergischer Kunstverein Stuttgart (Hrsg.): Schock und Schöpfung. Jugendästhetik im 20. Jahrhundert, Herrmann Luchterhand Verlag, Darmstadt/Neuwied 1986, S. 239 ff.

Kriege-Steffen, Andreas: Potentiale gründerzeitlicher Wohnungsgrundrisse. Ein Vergleich zweier Wohn- und Geschäftshäuser in Berlin, Der

Andere Verlag, Uelvesbül 2010 (Diplomarbeit, Bauhaus-Universität Weimar, 2009).

Kruft Hanno-Walter: Geschichte der Architekturtheorie. Von der Antike bis zur Gegenwart, Verlag C.H. Beck, München 1991.

Lehmann, Lilli: Mein Weg, Verlag von S. Hirzel, Leipzig 1913.

Leupen, Bernard: Frame and generic space. A study into the changeable dwelling proceeding from the permanent, 010 Publishers, Rotterdam 2006.

Loyer, Francois: Paris. Nineteenth Century. Architecture and Urbanism, Abbiville Press Publishers, New York 1988.

Lüchinger, Arnulf: Strukturalismus in Architektur und Städtebau, Karl Krämer Verlag, Stuttgart 1981.

Lüchinger, Arnulf: Strukturalismus – eine neue Strömung in der Architektur, in: Bauen + Wohnen, 31. Jg., Heft 1, 1976, S. 9 ff.

Magnago, Lampugnani: Die Architektur, die Tradition und der Ort: Regionalismen in der europäischen Stadt, Deutsche Verlags-Anstalt, Stuttgart 2000.

Magnago, Lampugnani: Die Modernität des Dauerhaften. Essays zu Stadt, Architektur und Design, Verlag Klaus Wagenbach, Berlin 2011.

Mann, Heinrich: Im Schlaraffenland. Ein Roman unter feinen Leuten (Heinrich Mann, Gesammelte Werke, hrsg. von der Akademie der Künste der DDR, Bd. 1), Aufbau Verlag, Berlin/Weimar 1977 (erstm. 1900)

Meisel-Hess, Grete: Die Intellektuellen, Oesterheld & Co., Berlin 1911.

Monke, Fritz: Grundrissentwicklung und Aussehen des Berliner Mietshauses von 1850–1914, dargestellt an Beispielen aus dem Stadtteil Moabit, Bd. 1 u. Bd. 2, H. Franzen, Berlin 1968 (Dissertation, Technische Universität Berlin, 1968).

Montenegro, Riccardo: Enzyklopädie der Wohnkultur. Von der Antike bis zur Gegenwart, DuMont Verlag, Köln 1997.

Mumford, Eric: The CIAM Discourse on Urbanism, 1928–1960, The MIT Press, Massachusetts Institute of Technology, Cambridge 2000.

Mühsam, Erich: Ausgewählte Werke, Bd. 2: Publizistik. Unpolitische Erinnerungen, Verlag Volk & Welt, Berlin 1978.

Müller Heidi: Dienstbare Geister. Leben und Arbeitswelt städtischer Dienstboten, Dietrich Reimer Verlag, Berlin 1981.

Neubig, Stefan: Das Wohnen als Ziel des architektonischen Entwerfens, Shaker, Aachen 2009 (Dissertation, Technische Universität Dresden, 2008).

Neumeyer, Fritz: Quellentexte zur Architekturtheorie, Prestel Verlag, München 2002.

Peschken-Eilsberger, Monika: Das Schadowhaus und seine Bewohner. 1805–2008, Schadowgesellschaft Berlin e.V., Berlin 2009.

Peters, Günter: Kleine Berliner Baugeschichte. Von der Stadtgründung bis zur Bundeshauptstadt, Stapp Verlag, Berlin 1995.

Pick, Robert: Das Berliner Massenmietshaus. Architektur im Kaiserreich (1870–1914) zwischen Spekulation und Gemeinnützigkeit, Berlin 1993 (unv. Dissertation, Technische Universität Berlin, 1993).

Plath, Jörg: Mein Berliner Zimmer. 25 Bekenntnisse zu dieser Stadt, Nicolai Verlag, Berlin 1997.

Posener, Julius: Vorlesungen zur Geschichte der Neuen Architektur, Arch+ Verlag GmbH, Aachen/Berlin 2013.

Posener, Julius: Berlin auf dem Weg zu einer neuen Architektur. Das Zeitalter Wilhelm II., Prestel Verlag, München 1995.

Rentschler, Dieter / Schirmer, Wulf: Berlin und seine Bauten. Teil IV: Wohnungsbau, Band B: Die Wohngebäude – Mehrfamilienhäuser, AIV, Berlin 1974.

Risselada, Max / Van den Heuvel, Dirk (Hrsg.): Team 10. 1953–81, in: search of a Utopia of the present, NAi Publishers, Rotterdam 2005.

Ronner, Heinz / Kölliker, Fredi / Rysler, Emil: Zirkulation. Baukonstruktion im Kontext des architektonischen Entwerfens, Birkhäuser Verlag, Basel/ Boston/Berlin 1994.

Saxe, Cornelia: Das gesellige Canapé. Die Renaissance des Berliner Salons, Quadriga Verlag, Berlin 1999.

Schlögel, Karl: Im Raume lesen wir die Zeit. Über Zivilisationsgeschichte und Geopolitik, Fischer Verlag, Frankfurt am Main 2006.

Schulz, Günther (Hrsg:): Die ältesten Stadtpläne Berlins. 1652 bis 1757, Acta humaniora, VCH, Weinheim 1986.

Selle, Gerd: Die eigenen vier Wände. Zur verborgenen Geschichte des Wohnens, Campus Verlag, Frankfurt am Main/New York 1996.

Siebel, Ernst: Der großbürgerliche Salon. 1850–1918. Geselligkeit und Wohnkultur, Dietrich Reimer Verlag, Berlin 1999.

Silbermann, Alphons: Vom Wohnen der Deutschen. Eine soziologische Studie über das Wohnerlebnis, Fischer Bücherei-Westdeutscher Verlag, Köln/Opladen 1966.

Skoda, Rudolf: Die Rosenthaler Vorstadt. Wohnverhältnisse der Stadt-armut 1750–1850, Kulturbund der DDR, Berlin 1985.

Spielhagen, Friedrich: Zum Zeitvertreib, Staackmann, Leipzig 1897.

Statistisches Bundesamt (Hrsg.): Zeitverwendungserhebung. Aktivitäten in Stunden und Minuten für ausgewählte Personengruppen. 2012/13, Destatis, Wiesbaden 2015.

Sudermann, Herrmann: Das Bilderbuch meiner Jugend, Cotta'sche Buchhandlung Nachfolger, Stuttgart/Berlin 1922.

Titzenthaler, Waldemar: Berliner Interieurs, Nicolai Verlag, Berlin 2001.

Trüby Stephan: Geschichte des Korridors, Staatliche Hochschule für Gestaltung, Karlsruhe 2011 (unv. Dissertation).

Ullmann, Gerhard: Märkisches Viertel, in: Werk-Archithese, Bd. 64, Heft 5, 1977, S. 38 ff.

Von Saldern, Adelheid: Jeder will jetzt seine eigene Stube haben ..., in: Reulecke, Jürgen (Hrsg.): Geschichte des Wohnens. 1800–1918. Das bürgerliche Zeitalter, Bd. 3, Deutsche Verlags-Anstalt / Wüstenrot Stiftung Deutscher Eigenheimverein e.V., Stuttgart 1997.

Wassermann, Jakob: Christian Wahnschaffe, S. Fischer, Berlin 1928.

Wiek, Peter: Das Hamburger Etagenhaus 1870–1914. Geschichte, Struktur, Gestaltung, Edition Temmen, Hamburg 2002.

Wüstenrot Stiftung e.V. (Hrsg.): Geschichte des Wohnens, 5 Bd., Deutsche Verlags-Anstalt, Stuttgart 1999.

Abbildungsverzeichnis

Abb. 1: Schulz 1986, S. 25.

Abb. 2: Gut 1984, S. 34.

Abb. 3–8: ebd., S. 45, 159, 159, 42, 43.

Abb. 9: Monke 1968, Bildtafel 100.

Abb. 10: Gut 1984, S. 110.

Abb. 11–12: Gut 1984, S. 173, 173.

Abb. 13: Gut 1984, S. 223.

Abb. 14: Peschken-Eilsberger 2009, S. 22.

Abb. 15: Roth 1932, S. 30.

Abb. 16: Schinkel 1858, Bd. 4, Tafel 113.

Abb. 17: Posener 2013, S. 173.

Abb. 18: Herres, 2015.

Abb. 19: Assmann 1862, S. 1.

Abb. 20: ebd., Blatt 18.

Abb. 21–22: Hartog 1962, S. 41, 43.

Abb. 23–25: Archiv Herres.

Abb. 26: Hartog 1962, S. 42.

Abb. 27–29: Archiv Herres.

Abb. 30: Loyer 1988, S. 214.

Abb. 31: Fanelsa 2014, S. 7.

Abb. 32: Hartog 1962, S. 40.

Abb. 33: Herres, 2015.

Abb. 34: Kleihues 1973, 112; ergänzt durch Herres 2013.

Abb. 35: BCO Architekten, 2014.

Abb. 36–37: Architekten-Verein zu Berlin 1877, S. 457, 468.

Abb. 38–39: Geist/Kürvers 1980 und dies. 1984, S. 491, urspr. Privatalbum von Frau Anneliese Kirchner.

Abb. 40: Senat für Bau- und Wohnungswesen Berlin 1972, S. 73.

Abb. 41: Kleihues 1989, S. 61.

Abb. 42: Kleihues 1989, S. 86.

Abb. 43: Kleihues 1989, S. 90.

Abb. 44: https://www.ralfschmitz. com/berlin/eisenzahn-1/, zugegriffen am 05.09.2015.

Abb. 45–46: Primus Immobilien AG, Online-Exposée: http://www. phalsbourg.de, zugegriffen am 03.09.2015.

Abb. 47: http://www.berlin-lake-suite.de, zugegriffen am 03.09.2015.

Abb. 48: http://www.angelis-partner.de/projekte/wohnen/ alte-schoenhauser-strasse-berlin.html, zugegriffen am 03.09.2015.

Alle nicht aufgeführten Abbildungen/Diagramme etc., insbesondere die Fotodokumentation und die Grundrisse der analysierten Berliner Zimmer: © Jan Herres, Berlin, 2021.

Autorenbiographie

Jan Herres,
M.Sc. Architektur, Bauassessor

Kaufmannslehre in Berlin, Studium der Architektur an der Staatlichen Akademie der Bildenden Künste Stuttgart und Technischen Universität Berlin, Abschluss mit Auszeichnung des Vereins Deutscher Ingenieure, Wissenschaftspreisträger des Vereins für die Geschichte Berlins. Mitarbeit am Lehrstuhl für Architekturgeschichte und -theorie sowie in Architekturbüros in Stuttgart und Berlin. Nach Baureferendariat und Staatsexamen seit 2017 Referent und Projektleiter in der Abteilung Hochbau der Berliner Senatsverwaltung für Stadtentwicklung.

Umschlagmotiv: Jan Herres

Lektorat: Miriam Seifert-Waibel
Gestaltung und Satz: Phillip Hailperin
Lithografie: Bild1Druck Berlin
Gedruckt in der Europäischen Union

Bibliografische Information der Deutschen Nationalbibliothek
Die Deutsche Nationalbibliothek verzeichnet diese Publikation in der
Deutschen Nationalbibliografie; detaillierte bibliografische Daten sind im
Internet über http://dnb.d-nb.de abrufbar.

jovis Verlag GmbH
Lützowstraße 33
10785 Berlin

www.jovis.de

jovis-Bücher sind weltweit im ausgewählten Buchhandel erhältlich.
Informationen zu unserem internationalen Vertrieb erhalten Sie von
Ihrem Buchhändler oder unter www.jovis.de.

ISBN 978-3-86859-707-3 (Softcover)
ISBN 978-3-86859-982-4 (PDF)